청소년과 함께
장애 공부

청소년과 함께
장애 공부

장애인과 비장애인이 더불어 살아가는 세상 만들기

김선희 지음

청소년과 함께
장애 공부를 시작하며

학교를 비롯해 일반 기업에서도 '장애인에 대한 인식 개선 교육'이 의무적으로 진행되는 것을 보면서 '장애'에 대한 사회적 관심이 많이 높아졌음에 반가운 마음이 듭니다. 초등·중등·고등학교에서는 전담 강사가 파견되어 학기별 교육을 진행하고 있습니다. 강사로 활동하는 분들은 사회복지, 특수교육, 법학, 문화예술, 스포츠 등 다양한 배경을 가진 전문가들입니다. 더하여 근래에는 훈련을 받은 장애 당사자들도 공공과 민간 기관에서 실시하는 장애 인식 개선 교육의 전문 강사로 파견되고 있습니다. 이러한 강의 인력 구성의 변화는 전문가의 관점에 머물러 있던 장애에 대한 인식이 장애 당사자의 관점까지 수용해가고 있음을 짐작하게 합니다.

장애인에 대한 인식 개선 교육은 전문가와 장애 당사자의 관점을 모두 수용할 수 있어야 합니다. 자칫 전문가의 관점에 치우치면 청소년들에게 전문 지식을 전달하는 데만 그쳐 일상에서 장애인과 더불어 살아가는 삶의 실천에 어려움이 따를 수 있고, 장애 당사자의 관점에 치우치면 청소년들이 장애인의 삶을 이해하는 데는 도움이 되겠지만 자칫 배려를 강요하고 부담을 주는 식으로 잘못 전달될 수 있습니다. 전문가 관점과 장애 당사자 관점 모두를 생각하여 길을 모색할 때 궁극적으로 장애인과 비장애인이 더불어 잘 살아가는 세상을 만들어나갈 수 있을 것입니다.

이 책을 통해 청소년과 함께 '관심과 배려의 마음씀'을 일구는 장애 공부를 해보려 합니다. 무엇보다 장애 당사자 관점과 전문가 관점을 모두 수용하고자 공을 들였습니다. 장애 당사자의 삶을 담은 인터뷰 사례부터 10가지 장애 유형에 대한 '관심학생'과 '배려쌤'의 질의응답까지 마음씀의 실천 방향을 찾아갈 수 있는 이야기를 담았습니다. 모쪼록 이 책을 읽는 청소년들이 시시한 질문에서 진지한 대답을 얻고, 때로는 생각지 못한 앎을 경험하기를 바랍니다. 나아가 이 책을 펼친 장애 전문가나 장애 당사자가 동시대를 살아가는 청소년들과 함께 장애 공부를 시작할 수 있는 계기가 되기를 기대합니다.

2023년 9월

김선희

○ 차례

나는장애인입니다

'장애인의 목소리에 귀를 기울이며'

관심학생이 배려쌤에게 듣는

'장애인과 함께 살아가는 법'

PART 1

나는
신체장애인입니다

신체장애 공부

신체적 장애는 외부신체기능장애와 내부기관장애로 구분한다. 이는 몸의 안과 밖으로 나눠 쉽게 이해해볼 수 있다. 전체 장애인구 중 외부신체기능장애에 속하는 지체장애인이 50퍼센트 가까이 차지하고 있다. 이들은 신체 일부가 절단되었거나 변형되어 있다. 주변에서 한 번쯤 본 적이 있을 것이다. 신체적 장애는 유전적 요인 또는 교통사고 등으로 발생한다. 또는 과학적으로 설명할 수 없어서 원인을 알 수 없다고 기록되기도 한다. 이번 장에서는 여러 신체장애 중 지체장애를 알아보고 그로 인한 삶의 고통은 무엇이고 가능한 것은 무엇인지, 장애 발생 후의 재활과 일상 회복의 어려움을 해소하기 위한 편의증진 방안이 무엇인지 함께 고민하는 기회가 되길 바란다. 먼저 장애인 당사자의 목소리를 통해 지체장애인에 대한 이해가 깊어지고 장애에 대한 거리감을 좁힐 수 있기를 바란다. 나아가 관심학생과 배려쌤의 대화를 통해 장애인 이동편의와 편의시설 설치에 대한 생각을 열어갈 수 있기를 바란다.

누가 봐도 저는 신체장애인입니다. 휠체어를 타고 다니니까요. 소속은 대학생이고, 요즘 SNS나 유튜브에서 주로 활동하고 있습니다. 본캐는 대학생이고 부캐는 유튜버 OOO입니다. 초보 유튜버라 팔로워가 1만 명을 넘진 않는 상태입니다.

태어날 때부터 걷지 못했기 때문에 20년 이상 누군가의 도움을 받아왔습니다. 부모님이 가장 가까운 도움제공자이고 저의 지지자이지요. 유치원에 갔을 때부터 다른 사람들과 다르다는 걸 확느꼈습니다. 누가 봐도 장애인이기 때문에 특별대우를 받아야 했습니다. 화장실을 갈 때도 선생님이 함께했습니다. 혼자서 뒤처리를 할 수 없어 도움을 받아야 했습니다. 어쩔 수 없는 일이라는 것을 알지만 어린 저에게는 수치스러운 일이라고 느껴졌습니다. 이런 도움과 시선이 싫어서 홈스쿨링을 해보겠다고 부모님께 건의한 적도 있습니다. 부모님은 대부분 저의 의견을 존중하고 실행하도록 동의해주셨지만 이 점만은 반대하셨습니다. 부모님에 대한 원망이 처음 시작된 시기였습니다. 지금 생각해보면 제가 집에 고립되지 않고, 같은 나이의 친구들을 만나고 일반 아이들처럼 성장하기를 바라는 마음 때문이었다는 걸 알지만 그 시기에는 그게 헤아려지지 않았습니다.

집 밖의 세상은 집 안의 세상과 전혀 다른 모습이었습니다. '걷지 못하는 장애인'인 저를 바라보는 집 밖의 세상에 나가고 싶지 않았습니다. 그럼에도 학교는 다녀야 했습니다. 초등학교 저학년일 때는 세상에 대한 두려움으로 회피하였으나, 고학년이 되면서 같은 반 친구들과 얼굴도 익숙해지고, 저의 장애를 어떻게 대할지 친구들도 알게 되어 조금씩 친구를 사귀고 학교생활도 익숙해졌습니다. 중학교 고등학교 그리고 대학교에서 적응 과정이 이와 비슷한 경향으로 경험되었습니다.

대학에 입학했더니 전체 학생 중 신체장애인은 저 한 사람이었습니다. 경도 경사로는 휠체어를 타고 혼자 이동할 수 있습니다. 하지만 제가 속해 있던 대학은 A동 건물에서 C동 건물까지 경사로가 심하고, 중간에 계단도 50개 이상 되었기 때문에 혼자서 이동할 수가 없었습니다. 경사로를 휠체어로 오르려고 양팔과 양손에 힘을 주고 해봐도 불가능한 일이었습니다. 이런 시도로 손바닥이 휠체어 바퀴에 쓸리고, 경사로가 심해 뒤로 넘어져 뇌진탕 위험도 경험한 적이 있습니다. 도로에서 B동 건물 입구까지 이어진 5개 계단조차 오를 수 없었습니다. 수강하는 강의실이 4층에 있어서 강의실 접근도 어려웠습니다. 대학 입학 후 1년간 대학생활을 해보면서, 장애 요소를 콘텐츠로 만들어 홍보했더니 대학에서 학습보조인을 배정해주고, 경사로를 만들고, 엘리베이터를 설치하여 강의실 접근이 가능하게 되었습니다. 장애인으로서 제 삶이 환경을 바꾸는 데 쓰임이 된 것이었습니다.

요즘에는 휠체어를 탄 사람에 대한 시선이 변했다는 걸 느낍니다. 특히 저에게 온라인 세상은 오프라인 세상과 좀 달랐습니다. 휠체어를 탄 제 일상이 독특한 콘텐츠로 인정받고, 수많은 팔로워와 댓글들이 사회적 배제가 아닌 사회적 존중으로 받아들여지는 느낌이 듭니다. 저와 같이 휠체어를 탄 장애인이 무용수로 활동하거나 인권강사로 활동하는 유튜브 동영상들도 장애인에 대한 사람들의 인식을 새롭게 하는 데 도움이 된다고 생각합니다. 앞선 세대는 장애인이기 때문에 집에서 폭력의 대상이 되고, 교육받지 못하고, 누군가의 착취 대상이 되는 사례들이 주로 뉴스를 통해 보도되었습니다. 장애인에 대한 폭력 실태를 보고하는 뉴스가 잘못되었다기보다 이런 내용들이 일반인들에게 장애인의 취약성만 강조하는 것 같다고 생각합니다. 꼭 부정적 사건이 아니더라도 유튜브에서 저 같은 신체장애 당사자가 자신의 삶을 드러내는 가운데 자연스럽게 장애인에 대한 일반인들의 이해를 도울 수 있는 것입니다. 제가 당사자 관점에서 만든 콘텐츠는 다른 측면에서 긍정적 결과를 가져오기도 했습니다.

무엇이 바뀌었냐고요? 저는 신체장애가 있는 사람이고, 그것은 남은 생애 동안 바꿀 수 없는 팩트입니다. 누군가의 도움을 받으며 살아가야 하는 사람인 것도 바꿀 수 없는 팩트인지도 모르겠습니다. 신체장애를 가지고 산 지 60~90년이 된 나이 든 어르신들이 있고, 그분들 앞에 감히 이제 신체장애로 20년을 갓 넘게 살아온 제가 고통스럽다, 힘들다 이런 이야기를 하는 게 죄송스럽지만, 힘든 이야기는 지면이 허락하는 한 얼마든지 할 수 있습니다. 장애가 있는 삶이 곧 고통의 삶일 수도 있기 때문입니다. 그렇다 할지라도 저는 고통스러운 삶을 살아가는 장애인, 도움을 받는 사람, 수혜자라는 입장에 머무르기를 거부하는 사람입니다. 저는 상황을 변화시키고 만들어가는 메이커라고 스스로를 부르고 싶습니다.

무엇이 바뀌었냐는 질문에서 저는 환경의 변화를 기다리는 장애인의 수동적 자세를 봅니다. 이제 질문을 바꿔봅니다. '나는 무엇을 바꾸어가는가? 나는 무엇을 바꾸어가기를 바라는가?'라는 질문은 장애 당사자 관점에서 환경의 변화를 요구하고, 환경 변하기를 기다리기보다는 변화를 만들어가는 당사자 참여의 삶을 살아가겠다는 의지의 표명입니다. 저를 '요즘 아이들'이라고 또는 '청년세대'라고 불러도 좋겠습니다.

관심학생이 배려쌤에게
신체장애를 묻습니다

관심학생: 만약 내 몸 어딘가에 장애가 생긴다면? 이런 질문을 스스로에게 해보는데요. 정작 장애에 대해 별로 아는 게 없다는 걸 알았어요. 장애란 무엇인가요?

배 려 쌤: 관심학생이 장애가 무엇인지 알고 싶군요. 우선 사전적으로 '장애'라는 말은, 몸과 마음에 문제가 있어서 활동하는 것에 한계가 있거나 삶을 사는 데 방해가 되는 요소들을 통합적으로 가리켜요. 우리나라는 장애 유형을 15가지로 구분하고 있어요. 신체적 장애와 정신적 장애로 크게 구분하고, 그중 신체적 장애에 12유형이 포함되고요.

먼저 '장애' 하면 떠오르는 이미지나 인상부터 함께 이야기해보죠. 관심학생은 '장애'라고 하면 어떤 단어나 이미지가 생각나나요?

관심학생: '휠체어'가 먼저 떠올라요. '이동이 불편하다', '도움이 필요하다' 이런 말들도 생각나고요.

배 려 쌤: 그래요, 휠체어 이미지가 장애인의 상징처럼 쓰이고 있
어서 더 그럴 거예요. 학교는 물론이고 아파트, 공공시
설, 백화점 등의 '장애인전용주차구역'에서, 글자 'P' 옆
에 '휠체어를 탄 사람 이미지'를 본 적이 있을 거예요. 건
물의 엘리베이터나 출입문과 가까운 해당 구역 바닥 등
에서도 비슷한 그림을 보았을 테고요. 그런데 이런 이미
지들이 장애인의 상징으로 쓰이고 있다 보니 마치 신체
장애인이면 모두 휠체어를 타고 다닌다는 오해를 만들고
있기도 해요.

관심학생: 그렇네요. 신체장애인이라고 모두 그런 게 아닐 텐데……
신체장애에 더 대해 설명해주세요.

배 려 쌤: 신체장애는 외부신체기능장애와 내부기관장애로 나뉘
어요. 외부신체기능장애에는 지체장애, 뇌병변장애, 시각
장애, 청각장애, 언어장애, 안면장애가 속하고, 내부기관

장애는 신장, 심장, 간, 호흡기, 장루·요루 같은 신체 내부의 장기기관 장애가 속해요.

관심학생: 말들이 좀 어렵긴 한데……, 몸 안쪽의 장애를 내부기관장애, 몸 밖으로 드러난 장애를 외부신체기능장애로 구분한다는 거죠?

배 려 쌤: 맞아요, 제대로 이해했어요. 외부신체기능장애 중 감각장애에 속하는 시각장애와 청각장애는 관심학생도 많이 들어봤을 거예요. 이 둘은 앞으로 더 설명하기로 하고, 이번 시간에는 신체장애 중 지체장애를 중심으로 이야기를 나눠볼 거예요.

2022년 장애통계연보를 보면 전체 장애인구 중 지체장애인이 45.1퍼센트를 차지하고 있어요. 지체장애 하면 흔히 손이나 팔, 다리가 불편한 사람을 생각하게 되는데, 지체장애는 팔(상지)이나 다리(하지)의 장애와 몸통의 장애로 구분할 수 있어요. 신체의 일부 절단이나 변형으로 기능장애가 있거나 관절에 장애가 있는 사람을 말하죠. 이렇게 절단장애, 관절장애, 신체 변형 등의 장애로 구성되다 보니 장애 상태를 누구나 쉽게 시각적으로 확인할 수 있어요.

관심학생: 지체장애는 어떻게 발생하나요? 일상생활을 하기가 쉽

지 않을 것 같아요.

배 려 쌤: 교통사고나 일하다가 지체장애를 입기도 하고 유전적 요인도 있어요. 소아마비, 근육질환, 척수 손상, 신경근골격계 손상 이런 것들이 원인이 되지요. 지체장애가 발생하면 당장에 신체를 사용하는 데 문제가 생기기 때문에 당연히 생활이 불편해질 수밖에 없어요. 그래서 개인적으로도 사회적으로도 '어떻게 살아갈 것인가'에 관심이 쏠리고 있어요.

관심학생: 우리가 함께 고민하고 실천해볼 것들이 있을까요?

배 려 쌤: 그럼요, 당연하죠. 먼저 지체장애로 사는 삶은 무엇이 불편한가를 이해할 필요가 있어요. 자, 함께 생각해볼까요. 지체장애인은 무엇이 어떻게 불편할까요?

관심학생: 휠체어를 타고 살아야 한다면 일상생활의 모든 것에서 장벽을 경험할 것 같아요. 예를 들면 집에서 이 방과 저 방을 왔다 갔다 하려면 문턱이 있잖아요. 특히 화장실은 그 문턱이 더 높고요. 휠체어에서 변기로 옮겨 앉기도 큰일이고요. 외출했을 때 공중화장실은 이용할 수도 없을 것 같아요.

배 려 쌤: 맞아요. 물리적으로 세상은 장벽임이 틀림없어요. 휠체어로는 5센티미터 이상의 턱도 고달프지요. 고개를 돌

려 주변을 찬찬히 살펴보세요. 도로와 보도 사이의 경계, 보도와 건물 사이의 경계, 건물 내 공간과 공간 사이의 경계를 턱과 문으로 구분하고 있죠.

관심학생: 네, 생각보다 많은 곳에서 지체장애인의 이동이 불편해 보여요.

배 려 쌤: 그렇죠. 이동의 장벽이 꽤 많아요. 그런데 이런 장벽은 물리적인 것에서 그치지 않아요. 우리 사회 전반에 장애인에 대한 장벽들이 존재해요. 신체 손상이 이동과 같은 신체기능의 장애를 넘어서 사회 참여의 장애로까지 작용하는 거지요.

관심학생: 사회 전반에요? 잘 이해가 안 돼요.

배 려 쌤: 과연 일상생활의 편의가 지체장애인에게도 편리한 삶을 제공할까? 같이 생각해보죠. 예를 들어봅시다. 요즘 롯데리아나 맥도날드에 가본 적이 있을 거예요. 들어가면 직원이 주문받는 게 아니라 터치스크린 방식의 무인 주문·결제 단말기인 '키오스크'가 설치되어 있어요. 보통의 젊은이들은 이걸로 능숙하게 주문해요. 그런데 휠체어로 이동하는 신체장애인이 그 매장을 방문했어요. 손을 뻗어도 터치스크린에 닿지 않지요. 설마 지금 배달앱을 통해 시켜 먹으면 된다고 생각하는 건 아니겠지요?

관심학생: 음. 잠시 그런 생각이 떠올랐거든요. 요즘 배달시켜서 많이 먹잖아요.

배 려 쌤: 휠체어를 탄 지체장애인 이야기를 하다가, 손가락 절단의 지체장애 사례로 설명이 확대되겠네요. 같은 맥락에서 사회 참여의 장애를 고려할 필요가 있어요. 신체 손상은 신체기능의 장애를 동반하지요. 다리가 아프면 이동에 어려움이 있듯, 손가락이 절단되었으면 잡는 기능의 장애를 경험해요. 하지만 신체 손상은 신체기능의 장애로만 그치지 않아요.

　요즘은 컴퓨터로 공부하고 숙제나 과제도 하고, 일도 컴퓨터로 이루어져요. 손가락을 못 쓰면 자판을 자유롭게 칠 수 없겠죠. 일하는 데 장애가 생겨요. 그러면 직장에서 좋은 평가를 받지 못해요. 즉 신체 손상이 신체기능의 장애를 넘어 일상의 모든 영역에 장애를 가져온다는 거예요. 그럼 어떻게 되겠어요?

관심학생: 생활하기가 기본적으로 어려울 테고, 직장인이라면 회사를 더 다닐까 말까도 고민할 것 같아요.

배 려 쌤: 맞아요. 그런 고민의 지점이 지체장애인에게 사회 참여의 장애로 경험돼요. 직장인이라면 회사가 되겠지만, 여기서 말하는 사회는 지체장애인 자신이 관계를 맺는 세

상을 말하는 거고요. 1차적으로 만나게 되는 사회인 가족 안에서도 장애 수용과 관련하여 갈등이 있을 수 있지요. 지체장애가 있는 가족구성원이 있으면 가족행사, 나들이에도 제한을 겪고, 함께 사는 집의 구조에도 변경이 필요하지요. 이런 물리적 장벽은 학교에서도 마찬가지예요.

관심학생: 가끔 학교에서 지체장애인 친구를 봤어요. 휠체어를 타고 다니는데 도우미가 함께 오기도 하더라고요.

배 려 쌤: 이동에 도움이 필요하기 때문이죠. 학교 모든 곳에 엘리베이터가 설치되어 있는 것도 아니고요. 만약 그 학생의 교실이 2층에 있다고 생각해봐요. 계단을 오를 수 없으니 도우미가 당연히 필요하겠지요. 교실에 들어왔다고 생각해봐요. 일반 책상 높이와 폭이 휠체어와 맞지 않아요. 휠체어에서 일반 의자로 이동해 앉을 수도 있겠으나, 화장실 갈 때는 어떻게 해요. 다시 휠체어로 옮겨 앉은 후 화장실에 다녀와야겠지요. 이런 번거로움이 여간 어려운 게 아니에요. 휠체어에 맞는 책상이 제작되어 배치돼야 해요.

학교 화장실은 어떤가요? 출입문 너비가 최소 70센티미터는 되어야 휠체어가 들어갈 수 있어요. 화장실 안에서 휠체어가 움직일 수 있는 공간도 필요하겠죠?

관심학생: 모든 화장실을 그렇게 만들려면 화장실 내 칸마다 넓혀 야겠어요. 그러면 화장실 숫자는 줄겠지만요.

배 려 쌤: 물론 휠체어를 이용하는 장애 학생을 위해 모든 화장실 을 개조하면 좋겠지만, 화장실 숫자를 확보하는 데 한계 가 있어요. 그래서 층마다 장애인화장실을 별도로 두고 있어요. 아마 본 적이 있을 거예요. 지하철 공중화장실에 도 별도로 설치되어 있지요.

관심학생: 학교나 공공시설에 장애인전용화장실이 있지만 먼 거리 를 갈 때 화장실이 없으면 어떻게 해요?

배 려 쌤: 지체장애인뿐만 아니라 몸이 불편한 환자분들이 자주 사용하는 게 이동변기예요. 의자를 접을 수 있고 이동이

간편해서 많이 사용해요. 이 보조용품은 목욕의자용으로도 사용해요. 집에서 지체장애인 가족이 스스로 머리를 감고 목욕하기 어렵다 보니 이동변기에 방수 커버를 씌우고 앉도록 하면 도움이 되거든요.

관심학생: 저는 매일 아침저녁으로 머리를 감고 목욕을 하는데, 이것이 어려운 사람들이 있을 거라고는 한 번도 생각해보지 못했어요.

배 려 쌤: 우리는 일상의 말과 행위를 의식하지 않아요. 늘 그래왔으니까. 이제는 좀 다른 생각을 해볼 수 있겠지요. 우리가 멋을 내는 행위는 청결이나 건강과 직결되지요. 늘 휠체어에 앉아서 생활하는 분들은 건강에 도전을 받게 되는 거예요.

관심학생: 신체장애가 있으니까 이미 건강하지 않은 상태잖아요.

배 려 쌤: 그렇게 생각할 수 있어요. 또 다른 측면의 건강을 이야기해볼까 해요. 지체장애 상태로 휠체어를 타야만 이동이 가능한 상태는 어떨까요? 아니면 목발을 이용해야만 이동이 가능한 상태가 무엇을 의미하겠어요?

관심학생: 다리를 자유롭게 쓸 수 없다는 거겠지요. 두 발로 걸을 수 없으니 불편하고요.

배 려 쌤: 두 발로 걷지 않는 상태가 장기화되면 다리 근육이 줄어

요. 두 발로 걷지 못하는 상태가 하지 일부를 절단해서 생긴 장애라면, 그 절단된 부위를 잇는 의족을 사용하는 분들이 있어요. 의족은 알루미늄, 가죽, 고무, 폴리우레탄, 실리콘, 철재 등 복합적인 재료로 만들어져요. 의족이 신체의 절단된 부위를 아무리 부드럽게 이어준다 해도, 그 부위는 겨울이면 시리고, 여름이면 땀이 차서 움직임이 많아질수록 살이 무르고 그 자리에 고름이 생겨 불쾌한 냄새가 나기도 해요. 휠체어의 경우도 마찬가지예요. 휠체어에서 일어나지 못하니 여름에 땀이 차서 많이 불편하지요. 움직이지 않고 고정된 상태로 있으면 혈액순환이 되지 않아 피부에 염증이 생기고, 오래 지속되면 욕창으로 고생해요.

물론 모든 지체장애인이 그렇다는 말은 아니에요. 지체장애 자체는 보이는 장애지만 이면에 보이지 않는 고통도 따른다는 점을 기억해두자는 의미예요. 잠시 의족을 벗어 땀이라도 닦아내고 싶지만, 다른 사람들의 시선이 염려되어 그러질 못해요. 자세를 움직여서 혈액순환이 되도록 해야 욕창을 예방할 수 있어요. 근육이 없는 사람에게는 아무리 인체공학적으로 훌륭한 의족이 있다고 해도 버겁게 느껴지지요. 말도 못 하고 참아내고 있는 거예요.

관심학생: 배려쌤 이야길 듣고 보니 상지에 장애가 있는 사람보다 하지에 장애가 있는 사람이 더 어려울 것 같아요.

배 려 쌤: 그럼 하지에 장애가 없고 상지에 장애가 있는 사람은 살아가는 데 장애를 덜 느낄까요? 상지에 장애가 있는 상태를 다시금 이야기해볼게요. 손가락뼈를 잃은 사람(예: 절단)들이 있겠지요. 팔을 잃은 사람들도 있고요. 많은 경우, 일하다가 이런 일을 겪게 돼요. 교통사고가 원인이기도 하고. 손가락이 없으면 어떨까요? 우리가 쓰는 대부분의 전자기기나 PC는 터치로 기능하게 되어 있어요. 요즘 AI가 접목되어 음성으로 "~야, 노래 틀어줘" 하지요. 이런 편의는 아직 일상의 일부에만 적용되고 있어요.

케이스가 있는 핸드폰을 펼치고, 터치하여 켜고, 번호를 누르고, 필요한 경우 셀카를 찍거나 사진을 찍고, 음성녹음을 하고, 동영상을 촬영하는 등 여러 시도들을 해보는 데 어려움이 있겠지요. 학생들은 핸드폰을 손에 잡으면 잠시도 가만히 있지 않지요. 게임을 시작하면 끝날 줄 모르고요. 이분들은 어떻겠어요. 손가락 터치로 하는 게임이 자유로울까요? 전혀 그렇지 않지요.

관심학생: 그러게요. 상지에 장애가 있는 경우도 어려움이 많네요.

자유롭게 손을 쓰지 못하다니 정말 불편하겠어요. 상지든 하지든 장애 때문에 누가 더 어렵다고 비교할 게 아니네요.

배 려 쌤: 핵심을 잘 파악했어요. 또한 중요한 것은 사람들의 편의나 즐거움을 위해 만들어진 것들이 지체장애인까지 다 고려하고 있지는 않다는 거예요. 장애인도 사람이고 너와 나, 우리로 이루어진 우리 사회의 구성원인데도 말이에요. 자, 그러면 앞으로 어떻게 해야 할까요?

관심학생: 지체장애인까지 다 고려해야 해요. 그런데 구체적인 방법은 잘 모르겠어요. 어떻게 하면 될까요?

배 려 쌤: 지체장애인과 함께 살아가는 법을 내가 처한 일상의 매 순간에 적용해보는 연습이 필요하다고 봐요. 그 연습을 위해 관심학생과 함께 지체장애가 무엇인지에 대해 지금까지 이야기를 나눠본 거지요. 그다음 걸음은 '어떻게 실천할까'에 대해 함께 생각해보는 거예요.

구체적인 상황을 상상해볼게요. 관심학생 반에 휠체어를 탄 친구가 전학을 왔어요. 관심학생 옆자리 또는 뒷자리에 앉는다고 생각해봐요.

관심학생: 지금으로서는 지체장애 학생이 교탁에서 책상 자리까지 갈 수가 없어요. 분단 사이가 좁아서 휠체어가 지나갈

수 없거든요. 앞문으로 나갔다가 뒷문으로 들어와야 해요. 그래도 중간 자리라 휠체어가 가려면 옆줄의 책상과 의자를 옮겨서 휠체어가 이동할 공간을 확보해주어야 해요. 아니면 맨 앞자리에 앉거나, 맨 뒷자리에 앉아야 해요. 그래도 책상의 앞과 뒤, 옆과 옆 사이를 넓혀야 하고요.

배려 쌤: 장애 상태를 잘 이해하고, 어떻게 배려해야 하는지까지 정리해서 잘 설명해줬어요. 그럼 휠체어를 탄 친구와 외부 활동을 함께하다 화장실을 가게 되었어요. 그런데 장애인전용화장실이 없는 거예요. 어떻게 하면 좋을까요?

관심학생: 당황스러운 상황이네요. 누가 함께 가야 한다면, 그리고 제가 함께 가야 한다면 가야지요. 장애인전용화장실이 없으면 일반 화장실을 써야겠지요. 남자이지만 서서 볼일을 볼 수가 없으니 좌변기 칸으로 들어가야 하는데, 휠체어가 들어갈 수 있을지 모르겠어요. 휠체어가 들어가도 안이 좁아서 장애인 친구가 좌변기에 옮겨 앉을 수 없을 것 같아요. 그러니까 제가 안아서 좌변기에 옮겨 앉혀야 하는데, 문제는 바지를 내리거나 올리는 일이에요. 얼굴을 아는 사이라도 익숙지 않아서 어떻게 해야 할지 당황스러울 것 같아요.

배 려 쌤: 관심학생이 당황하고, 어떻게 해야 하는지 알아도 주저할 수밖에 없는 입장인 걸 충분히 알아요. 그렇다면 그 상황에서 지체장애 당사자는 어떻게 느낄까요. 지체장애가 된 순간부터 아마도 수많은 아는 사람들과 모르는 사람들의 도움을 받아야 했을 거예요. 지금까지 그리고 앞으로 남은 생애 동안도 그럴 거예요. 이런 현실을 받아들이지 못하면 지체장애로 살기는 정신적으로 상당히 힘들 거예요. 이때 우리가 할 수 있는 배려는 당황한 상태로 있거나 주저하기보다는 물어보는 것이에요. "내가 어떻게 도와주면 좋겠어요?" 이렇게 한마디 질문이면 돼요.

관심학생: 그거면 된다고요?

배 려 쌤: 네, 한마디 질문이면 돼요. 지체장애 상태로 살아가는 당사자는 자신의 움직임이 어느 정도까지 가능한지 스스로 알고 있어요. 어떤 사람은 "화장실 문을 열고 변기 앞까지만 휠체어를 밀어 가까이 가게 해주세요. 그리고 휠체어를 빼고 문을 닫아주면 돼요." 이렇게 말할 수 있어요. 어떤 사람은 "내가 이동이 어려우니 나를 부축해 변기에 앉도록 해주세요. 그리곤 바지춤 내리는 것을 도와주세요. 제가 일을 마치면 바지 올리는 걸 도와주면 돼요." 이렇게 말할 수도 있어요. 후자의 경우는 소변 주머

니를 별도로 준비해 처리하는 분들도 있어요.

관심학생: 아…… 그렇군요. 잘 기억해둬야겠어요. 그런데 이런 상황들을 생각하면 휠체어를 타고 어딘가 가보고 싶다는 생각을 아예 포기할 수도 있을 것 같아요.

배려 쌤: 아무래도 그럴 수 있겠죠. 이동에서 제한을 경험하는 지체장애인의 경우 TV를 보거나 하면서 여가나 문화생활의 많은 시간을 집에서 보내고 있어요. 신체적 장애는 외부 활동의 제한으로 이어질 가능성이 아주 크기 때문에, 그렇게 점점 혼자 있는 시간이 많다 보면 사회적으로 고립되고, 나중에는 스스로 자기 고립을 결정해가게 되죠.

관심학생: 장애가 생긴 이후에 집 밖에서 무언가 해본 경험이 거의 없기 때문인가봐요. 아니면 전혀 없거나.

배려 쌤: 물론 지체장애인도 집 밖으로 나가 문화생활을 즐길 수 있어요. 영화관이나 야구장처럼 여러 사람이 모일 수 있는 공간에는 휠체어를 이용하는 장애인을 위해 별도의 자리를 마련하고 있으니까요. 하지만 영화관 맨 앞자리가 장애인 전용석이에요. 그 자리에서 영화를 보려면 머리를 뒤로 많이 젖히고서 스크린을 봐야 해요. 영화를 보는 2시간이 여간 고된 게 아니지요.

　　최소한의 감상환경만 제시하여 주어진 작품을 단순히

감상하는 '관조'에 그치게 만들고 있는 상황이에요. 지체 장애인이 영화관에 가서 영화를 보든, 야구장에서 경기를 직관하든, 미술관에 가서 전시예술품을 보든, 그 문화에 몰입할 수 있는 참여기회까지는 다가가지 못하고 있는 거죠. 물론 관조도 참여라고 할 수 있으나 간접 참여인 거고요. 직접 참여를 할 수 있도록 하는 사회적·제도적 배려와 개인적 의지가 필요한 부분이에요.

누구라도 하고 싶은 것을 다 하며 살지는 않아요. 그래도 '필요'와 '무언가를 하고 싶다는 욕구'가 있어요. 필요한 것들의 범위를 정의하는 데 사람마다 다를 수 있고요. 여가 및 문화 향유는 어떨 것 같아요? 이것은 당연한 권리에 포함시킬 수 있지요. 당연한 권리를 신체장애 때문에 못 한다면 그것이 가능하도록 환경을 바꿔주는 것이 사회적 책임이에요. 이 책임은 제도적 측면만이 아니라 사람들도 함께 지는 것이지요.

관심학생: 그런데, 무엇보다 지체장애인들이 스스로 고립되어 집에만 있으면 우울증에 빠질 것 같아요. 그건 큰 문제이지 않나요? 저 같은 경우는 친구들로부터 고립된다고 생각하면 두려워요. 왕따, 자따 이런 거잖아요. 혼자 있는 게 편할 때도 있지만 매일의 삶이 그렇게 된다면 살 수 없을

것 같아요. 지체장애로 살아간다는 게 너무 외로울 것 같고, 고립되는 게 너무 무서울 것 같아요. 아무것도 할 수 없는 어둠 속에 덩그러니 있는 것 같잖아요.

배 려 쌤: 맞아요. 그런 면면을 잘 살피고 생각해봐야 하지요. 하지만 이것이 지체장애인 삶의 전체 모습을 말해주는 것은 아니에요. 장애인의 삶이 평탄하지 않은 건 사실이지만, 장애인으로서 살아가는 삶이 불행하다는 의미는 아니에요. 물론 장애가 있기 때문에 무엇을 할 수 없다는 수많은 이유를 댈 수도 있어요. 하지만 지체장애인으로서 삶에서 하고 있는 것들도 수없이 많아요. '지체장애인이라서 무엇을 못 할 것이다.' '지체장애인이지만 무엇을 할 수 있다.' '지체장애 여부와 무관하게 무엇이든 가능하다.' 관심학생이 생각하기에 어느 문장이 좀 더 와닿는지 궁금하네요.

관심학생: 지체장애가 있는데 할 수 있는 것들요? 아무래도 할 수 없는 것들이 더 많지 않을까요? 딱 듣고 생각해봐도 무엇을 할 수 있다고 떠오르는 것들이 별로 없어요.

배 려 쌤: 과연 그럴까요? 그럼, 조금 다르게 생각해봐요. 지체장애인의 강점이나 잠재력은 무엇일까요?

관심학생: 지체장애인의 강정이나 잠재력이요? 아……어렵네요. 생

각나는 게 없어요.

배 려 쌤: 무엇을 할 수 없다, 못 한다는 생각이 앞서 있어서 그
래요. 조금만 관심을 기울여보면 이미 지체장애인들
이 하고 있는 것들이 무한대로 많아요. 예를 들어볼게
요. 4년마다 올림픽이 열리지요. 건강한 사람들이 각
자 국가를 대표하여 선의의 경쟁을 하고 화합을 도모하
는 자리예요. 올림픽이 끝나면 그 경기장에서 패럴림픽
(Paralympics)이 열려요. 들어봤어요?

관심학생: 아니요. 패럴림픽은 처음 들어봐요.

배 려 쌤: 패럴림픽은 국제 신체장애인 체육대회예요. 1952년에 국
제대회로 시작했어요. 영국의 구트만이라는 의사에 의해
시작되었고요. 오늘날 패럴림픽 대회는 그다지 주목받지
못하고 있지요. TV 생중계도 일부 방송사에서 일부 종
목만 짧게 방영하고, 대중의 관심을 받지 못하고 있어요.
하지만 관심을 두고 보면 다양한 올림픽 경기를 하는 장
애인들의 모습이 보일 거예요.

관심학생: 아, 잠깐이지만, 철재 같은 다리로 달리기를 하는 모습을
본 적이 있어요.

배 려 쌤: 의족을 하고 육상선수로 활동하는 모습을 봤군요. 그 외
에도 휠체어를 탄 지체장애인이 양궁이나 사격, 펜싱, 테

니스, 농구를 하는 선수로 패럴림픽에 참여하기도 해요. 승마, 사이클 경기, (5인) 축구, 카누, 조정, 수영, 배구, 배드민턴, 탁구도 올림픽 종목이에요. 비장애인 올림픽에 있는 모든 종목은 아니더라도, 우리가 알 만한 스포츠 종목에 지체장애인이 참여할 수 있다는 것을 보여주고 있어요.

관심학생: 패럴림픽 말고 다른 분야의 활동도 있나요?

배 려 쌤: 그럼요. 핸드폰이나 컴퓨터 검색창에 '휠체어무용수'를 쳐보세요. 신체장애인들로 구성된 무용단 '케이휠 댄스 프로젝트(K-Wheel Dance Project)'가 창단되어 활동하고 있어요. 그들은 불가능에 머물러 있지 않아요. 휠체어를 탄 삶에서 예술의 관조가 아니라 무용수로서 직접 참여

하는 삶을 만들어가는 거지요. 여기에 장애인과 비장애인이 함께해요. 휠체어를 탄 남자 무용수(지체장애인)와 파트너인 비장애 여성이 무대에서 아름다운 조화를 이루며 공연을 선보여요.

관심학생: 오…… 놀라워요. 저는 휠체어를 탄 지체장애인은 이동이 불편하고 화장실 가는 게 어렵겠다고만 생각했어요. 다른 것들은 할 수 없다는 고정관념 때문에 지체장애인이 춤을 추고 무대에 선다는 건 상상도 하지 못했어요.

배 려 쌤: 새롭게 알게 되었다니 기쁘네요. 이제 그런 면면이 자연스럽고 점점 익숙해지면 좋겠어요. 우리가 주안점을 둘 부분은 문화와 같이 동시대 사람들이 누리는 영역에서 지체장애인이 배제되거나 관조에 머물러 있지 않고 참여할 수 있는 환경 조성이 자연스러워야 한다는 것이에요.

지체장애 당사자의 직접 참여가 이상하고, 놀랍고, 새로운 것이 아니라 자연스럽게 여겨지는 사회를 만들어가는 거죠. 무엇보다 일상에서 지체장애인을 만날 때 관심을 두고, 무엇을 배려해야 할지 마음을 쓰고 실천하는 것이 그 시작일 거예요. 관심학생뿐 아니라 우리 사회 모든 구성원이 노력할 일이죠.

관심학생: 네, 노력할게요! 아, 그런데, 궁금한 게 생겼어요. 지체장

애인이 올림픽 선수로 참여하고, 무용수로 활동하는 게 장애극복을 말하는 건가요?

배 려 쌤: 장애 당사자들은 이렇게 말해요. 장애는 극복의 대상이 아니라고. '자신(self)'의 일부에 '신체장애'가 있는 것이지, 신체장애가 삶을 지배하는 것이 아니라는 거예요. 자신의 장애를 투쟁과 극복의 대상이 아니라 자신의 일부로 받아들이는 것이지요.

살아가는 삶 가운데 '지체장애'가 생기고 그로 인해 필요한 것이 생기면 어떻게 충족해야 하는가? 이런 이슈가 있어요. 여기에 사회의 책임을 각성시키기 위해 우리가 연대해야 하죠. 그런데 왜 사회가 책임지나요? 이런 질문이 생길 만도 하겠죠?

관심학생: 그러게요. 어찌 보면 지체장애는 지극히 개인의 신체적 문제잖아요.

배 려 쌤: 우리 사회에서 '장애의 개념'을 1차적으로 신체 손상, 2차적으로 신체기능의 장애, 3차적으로 신체 손상과 신체기능의 장애로 인한 사회적·직업적 고통과 어려움의 장해로 정의하고 있어요. 1차적 신체 손상이 사회적·직업적 요인으로 발생하는 사례가 늘고 있지요. 그리고 우리 모두가 삶에서 한 번쯤은 장애를 경험할 수밖에 없어

요. 질병과 사고로 장애를 경험하거나, 이로 인하여 조기 사망하지 않는 이상, 노화로 인한 신체 및 정신적 장애는 누구도 피해갈 수 없거든요. 그래서 사회구성원들은 상호 책임을 갖는 것이지요. 상호 안전망 역할을 한다고 하면 좀 더 이해하기 쉬울 거예요. 그래서 장애에 대해서뿐만 아니라 다른 사람을 향한 관심과 배려의 마음씀이 필요한 거고요.

관심학생: 배려쌤 말씀을 쭉 듣고 보니 다시 생각하게 되네요. 그럼 제가 일상에서 좀 더 장애를 배우고 실천해볼 수 있는 일이 있을까요?

배 려 쌤: 자원봉사 활동을 할 때 지체장애인과 함께 산책해보길 권해요. 갈 수 있는 곳을 떠올려봐요. 집 주변의 큰 공원이나 산책로를 찾아갈 수도 있고, 지체장애인이 가야 할 목적지가 명확하다면 장애인콜택시를 예약해서 함께 이동하는 것도 방법이에요.

일상의 시공간을 공유하며 함께 산책하다 보면 나의 걸음 폭과 속도 그리고 휠체어를 탄 사람, 아니면 의족이나 목발을 짚고 이동하는 사람의 속도와 불편을 알 수 있지요. 자연스럽게 걸음의 폭과 속도를 맞추게 돼요. 배려가 몸에 스며드는 거지요. 그러다 보면 마땅치 않은 환

경이 눈에 보이고, 문제를 제기하고, 환경개선을 위해 장
애인과 함께 주장할 수도 있게 되죠. 장애인이 편하면 아
동, 노인, 임산부도 편안한, 다 같이 살기 좋은 환경이 될
수 있어요.

관심학생: 네, 그렇다면, 우선은 장애인 자원봉사 활동을 먼 데서
찾지 않고 제가 살고 있는 지역사회에서 찾아 실천해봐
야겠어요. 방학 때 할 일이 생겼어요!

PART 2

나는
시각장애인입니다

시각장애 공부

보는 감각에 장애가 있는 사람을 시각장애인이라고 한다. 그렇다면 보이지 않는 세상 속에서 시각장애인들은 어떻게 살아가고 있을까? 현실에서 시각장애인은 교육받고 직장생활도 하고, 연애도 하고, 결혼도 하고 살아간다. 다양한 사회 참여 활동도 한다. "시각장애인인데 어떻게 가능하지?"라는 질문을 할 수 있다. 먼저 시각장애 당사자의 목소리에 귀 기울여보자. 또한 관심학생과 배려쌤의 대화가 답을 찾도록 도울 것이다. 다른 장애와 다르게 시각장애인을 만날 때 자기소개는 어떻게 하는지, 대중교통은 제대로 이용할 수 있는지, 자립생활이 어떻게 가능한지, 경제적 독립을 할 수 있는지, 쇼핑은 어떻게 하는지, 모든 시각장애인이 안내견과 생활하는지, 보이지 않는 세계를 사는 사람은 보는 예술을 어떻게 향유하는지 등 궁금한 부분들에 대한 답을 찾고 개선 방향을 생각해보자.

'보이지 않습니다.' 지금의 장애 상태입니다. 가만히 앉아 있으면 제가 시각장애인인 줄 모릅니다. 시각장애인 중에는 눈동자 상태가 이상하거나 눈을 감고 있기 때문에 시각장애가 드러나기도 합니다. 시각장애인 중에는 흰지팡이나 안내견으로 장애인임이 알려지기도 합니다. 하지만 저 같은 경우 눈동자 상태가 비장애인과 다름이 없습니다. 공공장소에서 이동하지 않고 있을 때는 흰지팡이를 접고 있습니다. 누가 봐도 일반인과 다름없는 모습입니다.

저는 시각장애인으로 35년을 살고 있습니다. 원인을 알 수 없으나 초등학교 저학년 때부터 시력이 점점 더 약해졌고 결국 중중 시각장애 판정을 받았습니다. 일반학교에서 시각장애인 특수학교로 초등학교 3학년 때 전학을 갔습니다. 좀 불편했어도 일반학교 다닐 때 친구들도 꽤 사귀고 학교생활이 즐거웠습니다. 하지만 부모님의 생각은 좀 달랐던 것 같습니다. 학업의 장애를 우선적 문제로 삼으시면서 저를 특수학교로 전학시켰습니다. 새로운 환경에 적응해야 하는 과업이 저에게 주어졌습니다. 특수학교 교육 교재는 점자 교재나 오디오북, 촉각도서 들이었기 때문에 점자라는 새로운 언어를 익혀야 했습니다. 일반학교에서 비장애 학생들과 교류했던 저는 이제 시각장애인들과 어울리는 시간을 가져야 하는 관계의 변화도 겪었습니다.

무엇보다 저의 시각장애 상태가 심각해졌기 때문에 혼자서 이동이 어렵고 일상생활에 불가능한 일들이 많아졌다는 점이 큰 변화였습니다. '봄'이 '보이지 않음'으로 바뀌었습니다. 매일 오르내리던 빌라 건물의 계단도 위험해서 혼자서는 내려가거나 올라갈 수 없었습니다. 집 안에서는 구조를 알기 때문에 위험이 덜 했지만, 가스레인지를 켜기도 무서웠습니다. 부모님은 혹시 제가 다치고 데일까봐 아무것도 시키지 않았습니다. 스스로 할 수 있는 것들이 줄고, 학교와 집을 오갈 때 활동보조인이 붙게 되었습니다. 학교에서 교실과 복도, 교실과 교실 사이, 교실과 식당, 화장실 경로를 익히는 훈련을 하지만 혼자 할 수 없다는 무능감이 시각장애보다 더 무서웠고 좌절감을 주었습니다. 괜스레 부모님과 활동보조인에게 짜증 내기도 여러 번이었습니다. 늦게나마 미안했다는 말을 전하고 싶습니다.

부모님은 안내견 분양을 제안하셨습니다. 안내견과 함께 생활하는 훈련을 저도 받았고, 어떤 안내견이 저의 성향과 맞을지 고려해서 배정된 안내견과 살아보기도 했습니다. 저희 집에 분양된 안내견 이름은 '댕댕이'(가명)이었습니다. 부모님보다 더 많은 시간을 댕댕이와 함께했고, 우리는 한 집, 한 방에서 생활했습니다. 저에게 외국 연수 기회가 생겨 갈 때도 댕댕이가 동행했습니다. 제가 대학 기숙사에서 생활할 때도 댕댕이는 저와 함께했습니다. 댕댕이는 저와 함께 강의실에 있었고, 해외 유학 시절 동안 저와 함께했습니다. 자립생활을 시작했을 때도 댕댕이가 저의 보호자 역할을 했기 때문에, 다른 사람이 저를 해칠까 하는 무서움을 가질 필요가 없었습니다. 눈이 보이지 않는 상태는 낮과 밤의 구분이 어려울 때가 있습니다. 보이지 않기 때문에 빛에 무감해져가기 때문입니다. 특히 실내에서 주로 활동할 때면, 자연광에 노출되지 않고 형광등 빛에 익숙하므로, 잠이 들었다 깨면 이게 아침인지 저녁인지 혼동될 때가 있습니다. 핸드폰이나 시계로 시간을 확인할 수 있습니다. 아침에 알람이 저를 깨우기도 하지만 댕댕이가 저를 깨웠습니다.

댕댕이가 늘 저와 함께했음에도 일상생활의 문제는 여전히 있었습니다. 내가 원하는 스타일의 옷을 사고, 내가 원하는 색깔을 결정하기 어렵기 때문입니다. 우리는 생각보다 시감각에 의존하여 상황을 판단하는 경우가 많습니다. 하지만 저는 이전에 경험해보지 못한 색의 세계를 어떻게 이해해야 할지를 알지 못해 보이는 감각이 중심인 세상에 저만 어둠에 갇힌 느낌을 받았습니다. 보이는 세상에 대한 앎을 멈춘 상태를 견딜 수가 없었습니다. 이런 저에게 도움의 손길을 준 활동보조인이 있었습니다. 그분과 일상을 공유하다 보니 가까워졌고 연인으로 발전하였다가 결혼하여 가정을 꾸렸습니다.

하지만 인생의 도전은 매번 새로운 모습으로 다가왔습니다. 결혼 허락은 생각보다 쉽게 이루어졌지만 임신하고 출산하고 아이를 키우는 게 우리 부부에게는 큰 도전이었습니다. 제가 장애인이니까 배우자가 가사 일을 많이 분담해야 했습니다. 국가나 지자체에서 장애인가정의 출산 및 양육 지원을 하고 있지만 비용과 시간이 제한적입니다. 제가 시각장애가 있다 보니, 대부분 배우자가 아이를 먹이고 씻겨야 했습니다. 아니면 양가 부모님이 번갈아가며 집안일과 양육을 도왔습니다. 이 과정은 아이가 스스로 자기를 돌볼 수 있는 초등학교 졸업 때까지 거의 13년은 지속되었습니다.

'한 아이를 키우기 위해 온 마을이 필요하다'는 말이 저희 같은 장애가족에게는 절실히 필요한 부분입니다. 돌이켜 생각해보면 제가 클 때는 부모님, 댕댕이가 큰 힘이 되었습니다. 그런데 어른이 되어 자녀를 키우다 보니, 저의 부모님뿐만 아니라 이웃들의 도움이 없었다면 안전하고 건강하게 아이를 키우지 못했을 겁니다. 우리 아이는 지금 비장애인입니다. 만약 아이가 저와 같은 시각장애인이라고 해도 저에게는 소중한 아이겠지요. 제가 살아가는 곳에서 관심과 배려를 받고 가정이 평안하게 지내왔기 때문인지 우리 아이는 시각장애를 이해하고, 다른 사람을 배려할 수 있는 사람으로 컸습니다. 지금 저는 시각장애 관련 단체에서 일하고 있습니다. 이 일을 계속하여 시각장애인 복지 증진에 기여하고 싶습니다.

관심학생이 배려쌤에게
시각장애를 묻습니다

배 려 쌤: 관심학생은 시각장애인을 만나본 적이 있나요?

관심학생: 집 근처에 시각장애인복지관이 있어요. 그래서 시각장애인을 보기는 자주 봤는데 이야기를 나눠본 적은 없어요.

배 려 쌤: 그렇군요. 그럼 '시각장애'라는 용어가 낯설지는 않겠어요. 관심학생이 본 시각장애인은 어떤 모습이었나요?

관심학생: 지팡이를 짚고 다니고 있었어요. 그게 내비게이션 역할을 하는 건지는 잘 모르겠어요. 그리고 가끔 개하고 다니는 시각장애인도 봤어요. 어떨 때는 다른 사람의 팔을 잡고 안내를 받는 것 같기도 했고요.

배 려 쌤: 사람들에게 보이는 시각장애인의 일반적 모습이지요. 시각장애는 의학적으로 시감각에 손상이 있어서 눈으로 보는 것에 문제가 있는 장애를 말해요. 선천적이나 후천적 문제로 시력이 현저히 낮거나 완전히 보이지 않는 상태를 가리키죠. 이로 인해 학업이나 구직 등 일상생활 모

든 영역에서 장애를 경험하게 되고요.

관심학생: 시력이 현저히 낮다는 건 얼마큼 보이지 않는 거예요?

배 려 쌤: 딱 얼마큼 보인다 안 보인다를 한마디로 설명하기는 어려워요. 이전에는 보이는 정도에 따라 1급부터 6급까지 시각장애를 나누었지만, 2019년부터 경증과 중증으로 시각장애의 정도를 구분하게 되었어요. 중증 시각장애인은 보통 이전에 1~2급에 속했던 시각장애인을 통합한 거예요. 그리고 같은 중증 시각장애인이라도 보이는 정도가 다르고 시감각의 인식도 차이가 있어요. '못 본다, 완전히 안 보인다' 이런 경우는 드물다고 해요.

만약 10미터 앞에 사람이 있다면 중증 시각장애인은 그 사람의 형상이 달걀귀신이 떠 있는 것처럼 보인다고도 해요. 무언가 내 앞에 있지만 이목구비를 확인할 수는 없고, 다만 있다는 실루엣 정도만 어렴풋이 알아챌 정도인 거죠.

관심학생: 달걀귀신이 떠다니는 모습이 머릿속에 상상이 되는데, 그것만으로는 안 보인다는 게 어떤 건지 잘 모르겠어요.

배 려 쌤: 아무래도 장애 상태를 말로 표현하는 데는 한계가 있어요. 우리가 공감력을 가진다고 해도, 시각장애 당사자가 되어보지 않는 이상 '보이지 않는 상태'를 공감하는 데

한계가 있어요. 다만 시각장애 상태가 어찌어찌하다는 시각장애 당사자의 목소리에 귀 기울이는 경청의 태도를 보이는 것이 중요해요. 그렇게 하나씩 간접 경험을 쌓아가며 장애 상태를 좀 더 이해해볼 수 있는 거죠.

관심학생: 그러고 보니 간접 경험을 해본 것 같아요. 장애 경험 시간이었는데, 학교에서 눈가리개를 하고 다른 친구의 안내를 받으며 계단과 복도, 운동장을 걸어본 적이 있어요.

배 려 쌤: 그렇군요. 어땠나요?

관심학생: 눈을 가렸을 때는 너무 막막했어요. 안 보이는데 걸어야 하니 불편하기도 했고 무엇보다 무서웠어요. 그런데 보이지 않는 상태로 매일을 살아야 하는 시각장애인들은 더 무섭고 두려울 것 같아요. 누가 위협을 가해도 알 수 없잖아요.

배 려 쌤: 그렇죠. 무섭고 두려울 거예요. 하지만 시각장애인이 보이지 않는 자신의 현 상태에 두려운 마음이 들면 매일을 살아갈 수 없을 거예요. 시각장애 당사자들은 이렇게 말해요. "보이지 않는 게 두려운 게 아니에요. 어떻게 살아갈 것인가를 고민하고 염려하는 거지." 시각장애 당사자들은 알고 있는 거예요. 얼마큼 안 보인다에 집중하다 보면, 얼마큼 보일 수 있게 할까? 그 방법이 무엇인가? 이

를 찾는 데만 집중하게 된다고.

　　대부분 시각장애로 진단받고 장애등록을 한 분들은 시감각 손상이 회복될 수 없는 현실에 있어요. 이런 상황에서 볼 수 있는 방법을 찾는 노력은 자신의 장애를 받아들이지 않는 상태를 의미해요. 희망고문을 스스로 하고 있는 거죠. 결국 부질없는 노력이라는 것을 점점 깨달아가며 장애를 받아들이고 어떻게 살아갈 것인가를 고민하고 염려하는 장애 수용 과정을 거쳐요.

관심학생: 갑자기 궁금한 게 생겼어요. 시각장애인과는 처음 만났을 때 자기소개를 어떻게 하지요? 첫인상이 중요하잖아요. 대부분 외모부터 보게 되기도 하고요. 어떻게 해야 실례되지 않게 자기소개를 할 수 있을까요?

배 려 쌤: 시각장애인을 처음 만나 "저의 이름은 김미남이고요. 이름만큼 얼굴도 잘생겼답니다. 직업은 교사예요." 이렇게 말하면 그들은 그런가 보다 해요. 말하는 사람의 목소리에 더해 그 사람에 대한 인상을 갖게 되고요. 그런데 자기소개를 한 김미남이라는 사람이 '김영업'이라는 이름표를 달고 있다고 생각해봐요. 실제 직업은 학교에 방문한 복사기 A/S 기사님이었던 거예요. 옷은 소속 회사의 작업복을 입고 있었고요. 시각장애인은 그 사람이 거짓

을 말하는지 판가름할 수가 없겠지요. 무엇보다 진실한 마음으로 거짓 없이 대화하는 게 중요해요. 물론 누구를 만나든 이름과 직업 같은 정보는 거짓이면 안 되겠지요.

그리고 좀 더 자세한 팁을 주자면, 시각장애인을 만날 때는 나의 머리 길이, 색깔, 옷 스타일과 색상을 좀 자세히 설명하는 게 좋아요. 우리가 눈으로 보고 인상을 느낄 만한 정보를 최대한 말로 전달해주는 거지요. 그래야 전체적인 인상을 그릴 수 있어요. 그렇게 대인관계를 지속해가면서 서로 간의 신뢰와 친밀감을 만들어가는 거고요.

관심학생: 잘 알겠어요. 보이는 요소들을 최대한 말로 설명하고 거짓 없이 솔직하게 나에 대한 정보를 나누는 게 제일 중요하겠네요. 그런데…… 보이지 않으면 책을 읽을 수 없고 TV도 볼 수 없잖아요. 그럼 세상의 정보를 어떻게 받아들일 수 있어요?

배 려 쌤: 시각장애인이 눈으로 보고 읽을 수는 없지요. 대신 귀로 듣고, 손으로 만져서 정보를 받아들일 수 있어요. 많은 경우 소리감각으로 정보를 수집하고요. 활자로 인쇄된 책을 눈으로 읽는 것이 아니라 오디오북을 이용해요. TV 소리를 듣듯 책을 듣는다고 이해하면 돼요.

관심학생: 아, 시각장애인들은 점자를 사용하지 않나요?

배 려 쌤: 점자는 시각장애인들의 생활편의를 위해 만들어진 언어 지요. 그런데 전체 시각장애인 중 점자를 사용하는 비율 은 20퍼센트 이하예요. 많은 시각장애인이 책을 듣는 것 처럼 들어서 정보를 수집하고 있어요.

　　시각장애인 중 저시력의 경우에는 보조기기인 확대경 을 활용해 신문을 읽기도 해요. 시각장애인이 사용하는 핸드폰에는 활자를 확대해서 볼 수 있는 부가기능이 있 고요. 핸드폰 액정화면의 내용이 오디오로 전환되어 어 느 화면을 보고 있는지 확인할 수 있는 앱도 내장돼 있 어요.

관심학생: 아, 그러고 보니 시각장애인의 일상생활 편의를 돕는 물 품으로 흰지팡이가 생각나요.

배 려 쌤: 그렇죠. 흰지팡이가 대표적이에요. 흰지팡이는 시각장애 인의 진행 방향에 장애물이 있는지 감지하는 데 쓰여요. 그리고 도로에 나 있는 점자블록의 위치와 연결, 멈춤을 감지하는 데 용이해요. 보도에 깔린 노란색 점자블록을 따라 걷다가도 횡단보도에서 멈춰 설 수 있도록 흰지팡 이로 짚어가는 거지요.

　　흰지팡이 중 접이식은 길이가 117센티미터, 125센티미터 등 다양해요. 가벼운 것은 170그램 정도 무게예요. 접이식이라 보관이 편리하지요. 또 안테나 형식의 흰지팡이도 있어요. 길이는 108센티미터, 118센티미터, 128센티미터, 138센티미터 등 다양해요. 손잡이의 버튼을 누른 채 지팡이를 누르면 자동으로 줄어들어 손잡이 부분만 남게 돼요. 그래서 휴대가 편하지요. 국내에서 직접 제작하고 유통하는데 시각장애인들이 많이 사용하고 있어요.

그리고 흰지팡이로 많이 불릴 뿐이지 꼭 흰색일 필요는 없어요. 사용자가 색상을 선택할 수 있어요.

관심학생: 흰지팡이도 종류가 다양하군요. 자동으로 줄어드는 지팡이도 있는 걸 보니 사용이 정말 편리하겠어요.

배 려 쌤: 흰지팡이 기술도 나날이 발전하고 있어요. 스마트 케인 (smart cane)이라고 들어봤을지도 모르겠어요. 초음파를 발사해 전방과 주위에 있는 물체를 인식할 수 있도록 하는 기술이 흰지팡이 손잡이에 내장된 거예요. 아직 상용화되진 않았지만 많은 기대를 받고 있어요. 그리고 스마트 음성유도기 중계기라고 들어봤을까요?

관심학생: 아니요, 처음 들어요. 그게 뭐예요?

배 려 쌤: 스마트 음성유도기 중계기는 모바일 앱이에요. 시각장애

인이 지하철이나 기차역 내부에서 자신의 위치가 어디인지를 확인하는 것은 물론, 나가고자 하는 출구 쪽으로 이동할 수 있도록 음성 안내를 받을 수 있어요. 복잡한 역사에서 한결 자유롭게 이동할 수 있도록 도와주는 거죠.

참고로, 음성유도기는 시각장애인 학생들이 다니는 특수학교에서 볼 수 있어요. 건물과 건물 사이, 출입문에 음성유도기가 설치된 것을 볼 수 있죠. 서울 여의도에 있는 이음이라는 곳의 건물 앞 출입문에서도 음성유도기를 확인할 수 있어요. 장애인 관련 정부 산하기관 및 비영리기관이 밀집되어 있는 곳이지요. 그리고 아주 가깝게는 관심학생이 사는 동네에 위치한 시각장애인복지관에서도 해당 장치를 확인할 수 있을 거예요.

관심학생: 그런 기술들이 있다니 정말 멋지네요. 앞으로도 시각장애인들을 위한 기술이 더 발전해서 다양한 생활편의를 제공할 수 있으면 좋겠어요. 아, 그러고 보니, 드라마나 영화를 보면 시각장애인들이 안내견을 데리고 다니는 모습이 많이 나오는데요. 안내견에 대해서도 알려주세요.

배 려 쌤: 안내견은 시각장애인을 인도하여 안전한 보행을 돕는 특별 훈련을 거친 개를 말해요. 세상을 볼 수 없는 시각장애인에게 또 다른 눈과 같죠.

모든 안내견은 보건복지부에서 발행한 '장애인 보조견 표지'를 부착하고 있어요. 이는 시각장애인과 함께 안내견이 대중교통을 이용하거나 공공장소, 숙박시설, 식당 등을 출입할 수 있는 자격이 되죠. 하지만 시각장애인들은 안내견과 함께 택시에 타려다가 승차 거부를 당하거나 식당 출입을 거절당하는 경험을 맞닥뜨리기도 해요. 안타까운 현실이죠.

시각장애인과 함께 있는 안내견에게는 먹이를 제공하지 않고, 쓰다듬지 않는 것이 기본 에티켓이에요. 안내견에게 휘파람을 불거나 이름을 부르는 행위도 자제해야 해요. 만약 개인이 키우는 반려견이 있다면, 시각장애인과 함께 있는 안내견에 다가가지 않도록 주의해야 하고요. 안내견이 특별 훈련을 거치긴 했지만, 예고 없이 다른 개가 주변에 나타나면 아무래도 집중이 흐트러져서 시각장애인의 안전에 방해가 될 수 있기 때문이에요.

관심학생: 얼마 전에 동네 카페에서 안내견이 있는 걸 보고 멋있고 예뻐서 함께 사진을 찍고 싶었는데 생각해보니 그것도 조심해야겠네요.

배 려 쌤: 맞아요. 그러지 않는 것이 에티켓이에요. 시각장애인에게 안내견은 자신의 안전을 지켜주는 도우미이자 가족과

같은 존재예요. 엄마나 아빠보다 더 많은 시간을 함께하는 사이이죠. 그러다 보니 안내견을 분양받을 때는 시각장애인의 개별적 특성인 성격, 직업, 보폭, 걷는 속도, 건강 상태 등을 잘 고려해서 진행해야 해요. 시각장애인과 안내견의 매칭이 잘 이루어져야 안내견도 훈련받은 역량을 잘 발휘할 수 있어요.

하지만 모든 시각장애인이 안내견을 분양받아 안내견과 동반하는 삶을 사는 건 아니에요. 시각장애인 개인이 안내견을 분양받으려면 비용 부담이 크거든요. 국내에서는 기업의 사회공헌 사업으로 일부 시각장애인이 무료 분양을 받고 있는 실정이에요. 그래서 안내견을 보기가 쉽진 않아요.

관심학생: 우리나라는 과학기술 강국이니, 안내견을 대체할 수도 있는 시각장애인을 위한 기기들이 어서 빨리 개발되면 좋겠어요. 가격도 비싸지 않으면 좋겠고요. 그래야 모든 시각장애인에게 도움을 줄 수 있잖아요.

배 려 쌤: 관심학생의 마음이 참 예쁘네요. 선생님도 어서 빨리 그런 날이 오길 바라요. 안내견을 대체할 수 있는 기기는 아니지만, 보이지 않는 세상을 경험할 수 있도록 시각장애인들을 돕는 보조공학기기가 개발되어 있어요. 예를

음료

맥주

들면 콜라나 사이다라든지 음료수를 사면 캔 뚜껑 옆에 올록볼록한 게 눈으로 식별되고, 손가락 끝으로 울퉁불퉁하게 느껴질 거예요. 이건 점자로 '탄산' 또는 '음료'라고 알려주는 거예요. 아쉬운 점은 복숭아 맛인지, 콜라 맛인지, 사이다 맛인지, 레몬 맛인지 그런 자세한 정보를 알 수 없어요. 맥주캔도 '맥주'라는 것만을 알려주고요.

관심학생: 오, 편의점이나 마트에 가면 하나씩 손으로 다 만져봐야겠어요. 그런데…… 점자가 없는 완제품도 많잖아요. 제가 좋아하는 만두나 두부나 이런 것들요. 아무래도 그런 건 점원에게 일일이 물어봐야 하는데, 시각장애인 입장에는 너무 불편하겠어요.

배 려 쌤: 관심학생이 생각한 대로 우리가 일상생활에서 필요한 물품 모두에 점자를 표기해서 팔고 있지는 않아요. 복잡한 마트나 백화점에서 점원이 일대일로 물건 사는 것을

도울 만큼 한가하지 않은 게 현실이고요.

관심학생: 마트나 백화점 얘기가 나오니, 갑자기 궁금한데요. 시각장애인은 옷 쇼핑을 어떻게 해요? 저 같은 경우 어릴 때는 엄마가 사다 주셨어요. 요즘은 용돈을 받아서 친구들과 함께 쇼핑하러 가거든요. 직접 신어보고 맞는지, 입어보고 어울리는지 확인하고 사요.

배 려 쌤: 입고 신고 이러는 행위를 본다고 하잖아요. 그래서 '입어본다', '신어본다'라는 말을 하고요. 우리의 일상생활은 '본다'로 지배되어 있기도 해요. 보는 행위로 어떤 상황을 지각하고 판단하잖아요. 그런데 시각장애인은 시감각에 장애가 있어요. '직접 입는다', '직접 신는다', '직접 만진다'는 가능해요. 그런데 입고, 신고, 만진 후 어떻게 보이는지 알 수가 없는 거예요. 자기 몸이 거울을 통해 어떤 '체형'으로 보이는지 눈으로 확인할 수 없는 거죠.

관심학생: 아…… 시각장애인은 거울을 볼 수가 없군요. 그렇다는 걸 이제 알았어요.

배 려 쌤: 예를 들어볼게요. 여기 하얀색 원피스가 있어요. 사이즈가 스몰사이즈로 55라고 합시다. 일차적으로 입어봤을 때 원피스 사이즈가 맞을 수 있어요. 사람에 따라 피부톤이 달라서 하얀색이 어울리지 않을 수도 있어요. 체형

이 달라서 디자인이 어울리지 않을 수도 있어요. 이때 시각장애인 당사자도 난감하지요. 쇼핑을 하고 싶은데 내가 원했던 디자인과 색상의 옷인지 알 길이 없잖아요.

여기서 이들이 선택할 수 있는 방법은 별로 없어요. '점원에게 묻는다', '친구에게 묻는다', '동행한 활동보조인에게 묻는다' 그것도 아니면 '그냥 산다'. 그래서 쇼핑하는 그 장소에 있는 사람들의 의견 중 어울린다는 의견을 받아들여 결정하는 경우가 많지요.

관심학생: 정말 어렵네요. 그게 정말 쇼핑일까 하는 생각도 들고요. 안 하는 것보다는 낫잖아 하는 생각도 들고요.

배 려 쌤: 특히나 시각장애인에게 이 옷이 어떤 색상인지 설명하는 건 쉽지 않아요. 보이지 않는 세상을 보이는 세상의 경험으로 안내하는 일이니까요. 옷 태그(tag)에 점자를 넣어 만들면 시각장애인도 그 제품에 대한 기본 정보를 알 수 있겠지요.

그래도 반가운 소식은 보조공학기기의 기술이 점점 더 발전하고 있다는 점이에요. 시각장애인용 키보드는 점자를 입력할 수 있어요. 화면 읽기 프로그램인 스크린리더도 개발되어 있고요. 스크린리더는 컴퓨터 화면에 보이는 정보를 음성으로 전환해줘요. 스크린리더에 점자

정보단말기를 연결하면 음성 정보를 점자로도 읽을 수 있어요. 놀랍지요.

그 밖에도 독서확대기나 화면확대 프로그램을 이용하여 배율, 색상, 마우스포인터를 시각장애인의 시각 상태에 맞게 조절해 사용할 수 있어요. 보조공학기기를 이용해서 보이지 않는 감각의 장애를 보완하고 잔여 시감각의 '보이는 기능'을 높일 수 있는 거지요.

관심학생: 그러면 혹시 시각장애인이 미술 전시회를 감상하는 것이 가능할까요? 한 번도 시각장애인이 미술관을 갈 거라고는 생각하지 못했는데 왠지 궁금해졌어요.

배 려 쌤: 좋은 질문이에요. 그리고 대답은 "시각장애인도 문화예술 향유권이 있다"예요. 어떻게 생각하면 보이지 않는 사람은 보이는 예술을 정말 간절히 향유하고 싶기도 할 거예요. 물론 실제로 시각장애인들이 미술관에 가서 전시회를 보기도 해요. 어떻게 전시를 관람할 수 있을까요?

관심학생: 우선 혼자서는 갈 수 없을 것 같아요. 그리고 누가 말로 설명해주지 않으면 알 수 없을 것 같아요.

배 려 쌤: 시각장애인이 집에서 전시관까지 이동할 수는 있어요. 앞에서 예를 들었던 것처럼 버스, 전철 같은 대중교통을 이용하든, 장애인콜택시를 이용해도 되니까요. 문제는 전

시관 앞에서부터예요. 전시관 내부를 설명하는 점자표기 안내도가 있겠지만, 처음 방문한 공간을 한 번 점자로 읽고는 머리에 그려지지 않지요. 전시관 정문 입구의 출입문이 자동문인지, 회전문인지, 여닫이문인지 어떻게 알겠어요. 물론 활동보조인이 동행하면 이 문제도 해결되겠지요. 그렇게 그림 전시실에 도착했어요. 작품 도록이 있지만 시각장애인이 직접 읽을 수 있는 점자는 없어요. 그렇다면 방법은 하나지요. 큐레이터의 설명으로 작품을 듣는 거지요.

관심학생: 아무래도 그건…… 반쪽 감상이지 않나요?

배 려 쌤: 시각장애인이 미술관에 갔고, 그림을 들었다가 팩트예요. 감상이라고 한다면 수동적 의미의 관조이지요. 그래서 능동적 의미의 참여적 감상을 위해 '다중감각 프로토타입(multimodal-prototype)'을 제작해 전시하고 있어요. 배리어 프리(Barrier Free) 실천으로 모두를 위한 그림 전시를 시도하는 거지요.

관심학생: 다중감각 프로토타입이요? 새로운 단어인데 매력적이에요. 뭔가 요즘 세대 용어 같아요.

배 려 쌤: 그림은 2차원이에요. 이것을 3차원으로 전환한다는 말인데 그림이 입체적으로 변한다는 거예요. 바로 3D 프린트

기술을 적용해서요. 시각장애인이 시감각이 아니라 청각, 촉각, 후각을 살려 작품 감상을 할 수 있도록 환경을 만드는 거지요.

3차원으로 변환된 작품에 색을 입혀요. 특수 재질로요. 촉각으로 온도를 느끼고, 재질의 특징을 경험할 수 있도록 하는 거예요. 그림에서 감상되는 느낌을 음향효과로 주고요. 큐레이터의 설명을 오디오 설명이나 점자 설명으로 대체하고 점자 도록도 마련해두지요. 도록에는 작품의 설명뿐 아니라 작품의 형태를 파악할 수 있도록 안내하고, 전시관 내부의 지도도 담고요.

눈으로 감상할 수 없다면, 나머지 다중감각을 동원하여 본래 작품에 가깝게 조건을 만들어 감상을 돕는 거예요. 귀로 듣는 단순한 설명을 넘어서 직접 체험을 통한 복합적 감상을 할 수 있게 하는 거죠.

관심학생: 비장애인에게는 설치미술이나 미디어아트처럼 보일 것도 같아요. 시각장애인에게는 분명 새로운 경험일 테고요.

배 려 쌤: 우리나라는 국립현대미술관, 부산시립미술관에서 일회성 전시가 있었어요. 미국의 메트로폴리탄미술관과 스페인의 프라도미술관에서는 이런 전시관을 별도로 마련해서 시각장애인들이 상시 관람할 수 있도록 하고 있고요.

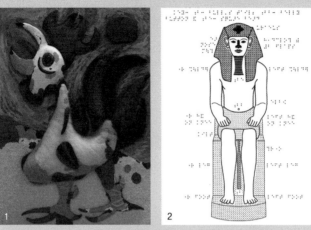

1. 촉각명화로 탄생한 호안 미로의 작품 〈수탉〉(1940) ⓒ 실로암시각장애인복지관.
2. 대영박물관의 촉각 드로잉과 점자 정보.
3. 국립중앙박물관의 손으로 보는 세계문화 전시.

관심학생은 혹시 시각장애인 화가가 있다는 걸 아나요?

관심학생: 시각장애인 화가요? 시각장애인이 그림을 그린다고요?

배 려 쌤: 네, 맞아요. 눈이 보이지 않지만 그림을 그리는 시각장애 인들이 있어요. 참으로 멋지지요. 우선 서울에 있는 '우 리들의 눈(Another way of seeing)'이라는 기관을 소개할 게요. 이곳은 시각장애인 미술교육, 시각장애인 작가를 양성하는 곳이에요. 대표적인 프로젝트가 '코끼리 만지 기'인데, 시각장애인이 코끼리를 만져서 그 모양이 어떤 지를 탐색하는 것으로 참여적 감상이 시작돼요. 이어서 만져본 경험을 바탕으로 코끼리를 찰흙으로 만들어요. 그리고 그대로가 작품이 되고요.

터키의 시각장애인 화가 에스레프 아르마간도 있어요. 그는 한평생 어떤 경치도 보지 못했지만 산천이나 호수, 집과 사람, 나비 등을 아름답게 그려내며 사람들에게 놀 라움을 선사했어요. 과학자들은 아르마간을 두고 눈을 통해 사물을 인식하는 게 아니라 대뇌를 통해 사물을 인식하는 것처럼 보인다고 말해요. 시각 외 다른 감각을 통해 사물을 인식한다는 가설을 제시하고 있는 거죠. 어 찌 보면 아르마간은 '마음의 눈'이 발달한 걸지도 모르겠 어요.

여기서 우리가 주목하고 기억할 건, 시각장애인이 눈이 보이지 않기에 무엇을 할 수 없다는 것이 아니라 그럼에도 불구하고 무엇이 가능하고 실제로 하고 있는가예요. 늘 가능성을 생각하고 궁리하는 것이지요.

관심학생: 말씀하신 것처럼, 시각장애인이 뭔가 가능성을 생각하려면, 아무래도 교육 과정도 중요할 것 같아요. 시각장애인에 대한 교육은 어떻게 이루어지고 있나요?

배 려 쌤: 듣는 교육, 잔여 시감각으로 보는 교육이 이루어지는데, 수학 과목 공부에 어려움이 있을 수 있어요. 도형에 대한 기본적 이해부터 어려움에 부닥치니까요. 예를 들어 삼각형과 사각형이 있다고 해봐요. 두 도형이 무엇인지, 어떻게 다른지를 말로 설명하기는 쉽지 않아요. 시각장애 학생이 각각의 도형을 손으로 만져 확인하게 하고 그 기억에 기대어 도형, 산수, 수학의 개념을 익혀가야 하는 거죠.

관심학생: 비장애인 친구 중에도 수포자가 많거든요. 시각장애인에게는 더 쉽지 않은 일이라는 게 확 느껴져요. 수학도 수학이지만 다른 과목들도 마찬가지로 어려움이 있을 것 같아요. 특히 체육은…… 축구나 농구 같은 운동은 더 배우기가 어려울 것 같은데, 어떤가요?

배 려 쌤: 시각장애인 축구팀이 있어요. 시각장애인들은 방울이 들어 있는 축구공으로 축구를 해요. 보이지 않으니 소리로 축구공을 쫓는 거지요. 여기서 잠깐, 질문을 해볼게요. 비장애인과 시각장애인이 여가를 즐기기 위해 축구를 같이 하려면 어떤 방법이 좋을까요?

관심학생: 음…… 비장애인이 안대를 껴야 어느 정도 시각장애인과 조건이 비슷할 것 같아요.

배 려 쌤: 그렇죠. 관심학생의 시각장애에 대한 이해가 점점 깊어지고 있네요.

관심학생: 그러고 보면 시각장애인들은 그림도 그리고, 축구도 하고, 제 고정관념을 깨는 활동들이 많은 것 같아요. 그 밖에 또 있을까요?

배 려 쌤: 그럼요, 여가 활동으로 밴드 공연도 해요. 요즘은 골프도 치고요. 노래나 피아노 같은 음악적 재능이 뛰어나 프로 성악가나 피아니스트로 활동하는 시각장애인도 있고요.

관심학생: 우아…… 정말 신기해요. 저는 시각장애이 안마사로만 일하는 줄 알았거든요. 뭔가 반성하게 되어요.

배 려 쌤: 시각장애인 안마사가 많긴 하죠. 시각장애인의 직업권을 보장하기 위해 정부에서 안마사 자격을 시각장애인에게만 한정하여 인정하고 있어요. 안마사라는 이름에 혐오

감을 가진 사람들도 있지요. 하지만 시각장애인이 평생 정부로부터 생활비를 받아서 살아갈 수는 없는 만큼, 일정한 노동을 통해 자립생활을 하도록 사회 조건을 만드는 게 중요하고, 그 방법으로 안마사로 일할 수 있도록 한 거예요.

시각장애인이 다니는 특수학교에서는 진로교육으로 안마사 자격을 획득하도록 지도하고 있어요. 기본적인 안마 기술을 배우더라도 모든 시각장애인이 이 직업을 선택하는 것은 아니에요. 시각장애인 중에는 교사로 재직하는 사람도 2,000명 정도 있거든요. 물론 다른 직업군에서도 일하고 있고요.

관심학생: 그렇군요. 시각장애에 관해 설명을 들을수록 점점 더 새로워요. 알아갈 게 정말 많은 것 같아요. 혹시 시각장애를 더 잘 알기 위해 제가 체험해볼 만한 곳이 있을까요?

배 려 쌤: '어둠 속의 대화(Dialogue in the Dark)'라는 갤러리가 있어요. 체험형 전시관이에요. 서울 종로구 북촌에 있어요. '어둠 속의 대화'는 시각장애 당사자가 직접 운영해요. 이곳을 방문해보면, 어둠 속에서의 삶을 잠시나마 심도 있게 체험해볼 수 있을 거예요.

관심학생: 네, 이번 방학 때 하고 싶은 활동 목록에 적어놓을게요.

PART 3

나는
청각장애인입니다

청각장애 공부

듣는 감각에 장애가 있는 것을 청각장애라고 한다. 가만히 있으면 드러나지 않는 장애다. 청각기관의 장애로 소리를 듣기가 어렵다 보니 보청기나 인공와우를 착용해 듣는 기능을 보완한다. 물론 이런 청각보조기기를 활용한다 해도 완전한 들음은 어렵다. 청각장애인 중에는 수어나 문자를 의사소통 수단으로 사용하는 사람이 있고, 인공와우를 착용해 들음의 기능을 높이고 구어 훈련을 통해 비장애인과 말로 소통하는 사람들도 있다. 청각장애인은 들리지 않는 세상 속에서 어떻게 살아가고 있을까? 청각장애 당사자의 인터뷰, 관심학생과 배려쌤의 대화를 통해 청각장애인의 삶을 이해하는 데 중요한 키워드인 의사소통 수단(수어, 구어, 문자), 청각장애인의 정체성, 농사회 및 농문화, 농예술 등에 대해 함께 살펴보자.

모든 청각장애인이 완전히 듣지 못하는 상태에 있는 건 아닙니다. 청각장애인 중에는 태어날 때부터 듣지 못한 사람들이 있습니다. 태어날 때부터 청각장애였던 사람은 '들음'과 '말함'이 무엇인지 감을 잡기 어렵습니다. 하지만 청각장애인 중에는 저처럼 원인이 밝혀지지 않은 채 서서히 청력을 잃어가는 사람이 다수입니다.

중도청각장애인이기 때문에 '들음'과 '말함'을 기억합니다. 유치원 다닐 때 말로 친구들과 이야기했던 기억이 아직도 생생히 떠오르곤 합니다. 어느 순간 친구들과의 대화에 끼지 못하고 멍하니 있는 나를 알아챘습니다. 부모님과의 대화에서도 동문서답하는 횟수가 늘었습니다. 아마 부모님과 친구들이 제가 잘 들리지 않는다는 것을 저보다 먼저 감지했을 겁니다. 다섯 살 때 부모님이 신촌 세브란스 병원에 저를 데려갔습니다. 몇 번, 몇 십 번 병원을 다시 방문한 후에 보청기를 시범 착용해보고, 이어서 청력과 언어 재활 훈련을 시작했지요. 보청기를 낀다고 잘 들리는 것도 아닌데, 부모님은 계속 듣는 연습을 하라고 엄격하게 말씀했습니다. 그 당시 내가 부모님의 노예인가라는 생각이 들기도 했습니다.

다섯 살에 시작한 청력과 언어 재활 훈련은 20년 가까이 계속되고 있습니다. 초등학교 5학년 때 인공와우 수술을 한 후 듣는 기능이 조금은 나아졌습니다. 부모님의 기대대로 엄격하게 한 장기간의 청력과 언어 재활 훈련을 통해 말(음성언어)로 대화가 가능합니다. 그리고 말소리가 익숙한 부모님과 형제 그리고 가까운 한두 명 친구들과는 짧은 전화통화도 가능합니다. 부모님은 저의 가청 범위나 소리 구분이 명확하게 좋아진 것으로 여기셨지만, 독순술과 언어훈련을 통해 소통이 가능한 것이지 들음이 좋아진 것은 아닙니다. 여전히 저는 '중증 청각장애인'입니다.

청각장애는 배움에 장애 요소로 작용합니다. 청각장애인 중 수어를 주 소통언어로 사용하는 사람을 수어인(또는 농인), 청각장애가 있더라도 보청기나 인공와우로 듣는 기능을 보완하고 말(음성언어)로 소통하는 사람을 구어인이라고 칭합니다. 노화로 청력기능이 저하된 청각장애인을 난청인이라고 일컫습니다. 그리고 듣고 말할 수 있는 사람, 즉 가청인을 줄여 청인이라고 부릅니다.

저의 부모님은 청인으로, 청각장애가 있는 자식을 어떤 환경에서 교육시켜야 할지 알지 못해 청각장애인이 교육받는 특수학교 부설 유치원에 저를 등원시켰습니다. 나이가 비슷한 애들의 어눌한 발음소리를 알아듣기 힘들었고, 그 애들보다 말도 잘하고, 듣기도 잘하는 제가 왜 특수학교에 있는 유치원에 다녀야 하는지 이해할 수 없었습니다. 어릴 때 이런 생각을 가졌던 것은 청인 부모 밑에서 청각장애가 부정되는 환경에서 성장했기 때문입니다.

부모님은 제가 청각장애인이라는 것을 자주 잊으십니다. 일반학교의 통합교육과정에서 또래 청인들과 함께 청인처럼 공부하기를 바라셨기 때문에 일반 초등학교에서 공부를 시작했습니다. 초등학교 5학년 때 인공와우 수술을 한 후 가청 범위가 확대될 것을 기대했지만 저의 바람과는 다르게 생각보다 훨씬 더 다른 사람들의 소리를 알아들을 수 없다는 현실에 직면하게 되었습니다. 왼쪽 인공와우는 달려만 있지 그 기능을 전혀 발휘하지 못합니다. 오른쪽 귀에 착용한 보청기로 소리의 있고 없음을 구분할 수 있는 정도입니다. 수업시간에 교탁 근처에 앉았지만 선생님의 말소리 구분이 어려워져서 듣기보다는 점점 입 모양을 보게 되고, 그러다 지치면 아예 듣고 보지 않는 무관심 상태로 수업시간에 앉아만 있었습니다. 성적은 0점에 가깝고, 부모님과 선생님, 또래 친구들의 관심은 멀어지고, 학년이 올라갈수록 홀로 동떨어진 채 보냈습니다.

그때를 생각하면 몸만 학교와 집을 오가는 껍데기로 살았던 것 같습니다. 더 이상 청각장애를 부정할 수 없어 이제는 정말 청각장애가 있는 '나'를 받아들여야 할 때가 왔다고 생각했습니다. 그래서 고등학교 1학년 때 특수학교로 전학을 결정했습니다. 물론 부모님의 반대가 강력했지요. 그렇지만 대학입시에 몰입하는 일반학교 분위기에서 남은 2년 반을 견딜 자신이 없다고 말씀드렸습니다. 다행히 부모님도 허락하셔서 고1 2학기 12월부터 ○○농학교 고등부에 다니기 시작했습니다. 청각장애의 본래성을 수용받고 싶어 특수학교에 갔는데, 막상 수어로 말하는 선생님과 또래 청각장애인처럼 되고 싶어 하지 않는 제 모습을 발견했습니다. 그동안 청인 부모님과 청인 친구들 사이에서 말로 대화해왔기 때문에 이들이 제가 청각장애인인 것을 잊었던 것처럼, 저 또한 청각장애인이지만 스스로를 청인처럼 생각했던 거지요. '나'의 속성에 청각장애가 포함되어 있다는 것을 아직 받아들이지 못한 거였습니다. '나'라는 정체성에 '청각장애 정체성'을 받아들이는 데 시간이 좀 걸렸습니다.

'청각장애를 받아들인다'는 의미를 설명하기는 쉽지 않습니다. 이것을 '농정체성(deaf identity)', '농사회·농문화(deaf society·deaf culture)'라는 용어가 대표하지요. 수어를 제1언어로 선택하여 공유함으로써 형성된 사회를 말합니다. 여기서 나 자신이 '들리지 않는' 상태가 무엇이고, 어떠한지를 가늠하고, 들리지 않는 상태로 '나'와 '사람들' 사이에서 상호 작용해간 삶이 청각장애를 '나'의 정체성으로 받아들인 삶이라고 봅니다. 사실 청각장애는 말하지 않으면 드러나지 않는 장애이지만, '보이는 언어'인 '수어'를 사용하는 순간 확연히 다른 사람들의 눈에 띄게 됩니다.

저처럼 처음에 말로 소통하고, 일반학교를 다녔던 사람은 청각장애가 드러나기를 원하지 않는 경우도 있습니다. 겉으로 보청기가 보이지 않도록 가능한 한 소형을 사용하고, 인공와우가 보이지 않도록 머리를 길러 가리려고 노력합니다. 보조기기인 인공와우 수술이 성공적인 경우 잔존 청력이 좀 더 확대되기 때문에 친구들과 말로 대화하고 수업시간에 집중할 수 있기도 합니다. 그렇지만 누군가 양쪽 귀 옆부터 뒤쪽, 즉 양쪽 시선 뒤쪽에서 말할 때는 거의 들을 수가 없습니다. 360도 중 180도 범위 내에서 들음이 용이한 것이지요. 물리적으로 '들음'이 나아졌다고는 하나, 여전히 청각장애인은 '들음의 장애'로 인해 자신의 음성을 스스로 확인하는 데 한계가 있습니다. 나의 목소리가 다른 사람에게 어떻게 들릴지 확신할 수도 없습니다. 그래서 '나'와 '남' 또는 '우리'가 만났을 때 '말함'을 주저하거나 자신감 없는 태도를 취하게 됩니다. 이런 위축되고 자신감 없는 태도는 사람들로 하여금 관계를 회피하는 것처럼 보이기도 합니다.

이런 상황은 청인 중심인 일반사회(청인사회)와 수어인 중심인 농인사회 모두에서 경험합니다. 청인사회에서는 농인이기 때문에, 농인사회에서는 구어인(口語人)이기 때문에, 결국 이중사회에서 잊히고 소외되는 존재입니다. 청각장애 출현 후 전 생애에 걸쳐 어느 사회에 속해 살아가야 할까 하는 혼란을 경험합니다. 이중사회에 모두 적응하는 데 버겁기도 하여 스스로 사람들로부터 멀어져 결국 사회적 고립과 자기 고립의 외로움 속에서 살아가는 고통을 경험합니다. 이런 일상적 고립 경험을 청인들에게 설명하기가 어렵습니다. 청인들이 글로 이런 설명을 간접적으로 접하거나, 청각장애인과 직접 만나 불명확한 청각장애인의 음성을 듣고, 대화 태도를 직관했다 할지라도, 저 같은 청각장애인이 처해 있는 사회에서 만나는 수많은 사람들과 그 관계 속에서 경험하는 고통에 공감하는 데 한계가 있다고 봅니다.

　제가 바라는 것은 청각장애가 있는 '나'를 있는 그대로 받아들이는 겁니다. 들리지 않음과 말의 어눌함에 대한 일상적 무관심이 사람들과의 관계 속에서 살아가야 하는 청각장애인을 고립과 외로움에 빠뜨려 사회적 죽음에 버금가는 정서적 고통을 경험하도록 만들 수 있습니다. 내가 어떤 언어를 선택하든, 듣고 말하는 정도와 무관하게, 사회에서 서로 관심과 배려하는 관계맺음을 해가며 살아가고 싶습니다. 비가시적인 장애 특성 때문에 청각장애인에게는 일상의 섬세한 관심과 배려의 마음씀이 필요합니다. '어떻게'에 대해서 청각장애인인 '나'와 바로 '너' 그리고 '우리'가 함께 생각하고 찾아보면 좋겠습니다.

관심학생이 배려쌤에게
청각장애를 묻습니다

관심학생: 청각장애인은 말을 못 하는 사람인가요?

배 려 쌤: 청각장애는 청력기관이 손상되어 듣는 데 어려움이 있는 상태를 말해요. 그리고 청각장애로 인하여 일상생활에 장애를 경험하는 사람들을 청각장애인이라고 해요. 엄밀히 말하자면 청각장애가 언어장애는 아니지요.

관심학생: 그런데 주변에서 청각장애인을 벙어리라고 하는 걸 자주 들었거든요. 청각장애인과 말을 못 하는 벙어리는 다르지 않나요?

배 려 쌤: 우선, 벙어리라는 말은 잘못된 표현이고 '언어장애인'이라고 해야 해요. 관심학생의 말대로 청각장애와 언어장애는 다른 장애예요. 청각장애는 청력을 좌우하는 소리 감각의 장애이고, 언어장애는 언어기능의 장애지요. 그런데 들리지 않는 상태(청각장애)가 언어장애와 관련되기도 해요. 먼저 들리지 않는 상태가 어떤 상태인지 이해해보

도록 하죠. 양손으로 귀를 막고 '아, 에, 이, 오, 우' 말을 해보세요. 손을 떼고 다시 같은 발음을 해보세요. 들리는 소리가 다르죠?

관심학생: 귀를 두 손으로 막은 채 '아' 해보면, 소리가 들린다기보다는 머릿속에서 울리는 것처럼 느껴져요. 이게 청각장애인가요?

배 려 쌤: 딱 그렇다고 할 순 없지만, 비슷할 수 있어요. 청각장애인은 기본적으로 잘 들리지 않으니까 자기 소리를 제대로 확인할 수 없어요. 장애의 중증 정도에 따라 들리는 정도가 달라요. 그래서 중증 청각장애인, 경증 청각장애인으로 구분하고요. 청력을 보조하기 위해 보청기와 인공와우 같은 기기를 사용하기도 하죠. 관심학생의 이해를 돕기 위해 보청기와 인공와우 같은 보조기기를 제거하고, 순수하게 들리지 않는 상태를 예로 들어볼게요.

　고속도로에 두 대의 차량이 차선을 나란히 하고 주행 중이라고 상상해보세요. 한쪽 차선의 아반떼 운전자는 청각장애인이고, 다른 쪽 차선의 대형트럭 운전자는 청인(소리가 들리는 비장애인)이에요. 대형트럭이 차선을 변경하려고 살피는데, 옆 차선의 아반떼 운전자는 양보해줄 의사가 없어 보여요. 대형트럭 운전자는 급한 마음에 경적을 세게 눌러 위협하면서 아반떼를 추월했어요. 이때 아반떼 운전자인 청각장애인은 경적소리를 듣지 못했어요. 아니, 들리지 않은 거예요. 다만 전해오는 진동으로 대형트럭이 위협적으로 추월하고 있다는 것을 느낄 뿐이에요. 어느 정도로 안 들리냐를 청인이 가늠하기는 힘들고, 청각장애인도 설명하기가 힘든 거지요.

관심학생: 아…… 조금은 알 것 같아요. 그렇다면 청각장애는 말을 못 하는 언어장애와 어떤 관련이 있나요?

배 려 쌤: 아이가 말을 배울 때를 생각해봐요. '엄마'라는 말이 무슨 의미인지 모르지만, 반복해서 듣는 음성이지요. '엄마'라고 말하는 사람의 표정, 입 모양, 들리는 음성이 동시에 일어나요. 이런 반복된 언어와 비언어적 행위는 아이로 하여금 이게 '엄마'구나 하고 인지하게 만들어요.

그런데 '엄마'라고 말하는 어른은 아이가 빙그레 웃어주면, 아주 행복해하지요. 여기에 그치지 않고 '엄마'라는 반복적 언어와 비언어적 행위가 이어져요. 아이는 알아들었는지 아니면 어른의 반복적 행위에 지쳐서인지 엄마의 입 모양을 힘겹게 따라 하고, 결국 음성언어로 '엄마'라고 발화하지요. 이때 어른의 반응은 좋아 죽어요. 나를 알아봤다는 둥, 드디어 아이가 말을 했다는 둥.

아이의 발음은 점점 정확해지고 말의 의미도 알아가지요. 이런 반복적 상호 작용을 통해 말을 배우고 언어의 의미를 이해하지요. 그런데 청각장애인은 어떻겠어요?

관심학생: 엄마의 말소리가 들리지 않으면 입 모양을 보고 따라 배우지 않을까요?

배 려 쌤: 그렇지요. 입 모양을 보고 따라 할 수 있어요. 여기서 중요한 것은 상대방의 말소리가 들리지 않는다는 거예요. 자신의 목소리도 들리지 않는 건 마찬가지고요. 발음이 정확한지, 소리의 크기가 적당한지를 스스로 확인할 수 없어요. 다만 상대방의 반응을 보고 가늠할 뿐이지요. 대화에서 전달하고 전달되는 말의 내용과 의미가 '~이다'로 확실히 맺어지는 게 아니라 '~일 것이다' '~인 거 같다'는 불확실성으로 와닿게 되는 거죠.

그러면 대화에 참여할 때 자기 의견을 피력할 자신감이 떨어지게 되고, 점점 대화에 참여하지 않게 돼요. 말하지 않으면 말하는 기능이 퇴화하고 그렇게 점점 언어장애를 동반하게 되는 거예요. 혹시 관심학생은 청각장애가 있는 사람들이 어떻게 대화하는지 본 적이 있나요?

관심학생: 직접 본 적은 없어요. 우리 학교에 장애 학생이 있다고는 들었는데 그게 청각장애인 친구인지는 모르겠어요. 아,

TV에서 수어통역사를 본 적은 있어요. 아마도 청각장애인들은 수어로 대화할 것 같아요. 듣지 못하니까 말로 대화하는 건 어려울 거고요.

배 려 쌤: 청각장애인 중에는 수어를 쓰는 사람도 있고, 아예 모르는 사람도 있어요. 음, 이건 설명하기 좀 복잡한데요. 수어를 알고 모르고는 청각장애 당사자의 어린 시절 교육 환경에 따라 달라지는 편이에요. 수어와 농정체성, 그리고 농사회와 농문화는 아주 긴밀한 연관성을 갖거든요.

관심학생: 그럼, 듣지 못하는 청각장애인이 어디서 어떻게 공부하는지 먼저 설명해주세요.

배 려 쌤: 그래요. 듣지 못한다는 것은 삶의 모든 영역에 영향을 미쳐요. 교육받기는 더욱 힘들고요. 청각장애 학생들은 일반학교와 특수학교에서 공부할 수 있는데, 어느 학교에서 공부할지는 청각장애 학생 당사자보다는 그들 부모(보호자)의 바람에 따라 결정돼요.

　　예를 들어 청인 부모(청각장애가 없는 부모)를 둔 청각장애 학생은 대부분 일반학교 통합교실에서 공부를 해요. 왜냐하면 청인 부모들은 자신의 자녀가 자기들이 그랬듯이 청인(들을 수 있는 사람)들과 어울려 살기를 바라기 때문이지요. 자녀의 청각장애를 머리로는 알지만, 가슴

한편에 청각장애가 재활로 극복될 수 있을 거라는 기대 감이 자리 잡고 있어요. 그런데 청각장애 학생들을 일반 학교에서 청인 교사와 청인 또래 사이에 이루어지는 가 르치고, 배우고, 협력하는 학습과 놀이에 온전히 참여할 수 없다는 문제가 생겨요.

관심학생: 아…… 그럼, 어렸을 때부터 특수학교에서 공부하는 게 좋겠네요?

배 려 쌤: 딱히 그렇다고도 할 수 없어요. 일반학교냐 특수학교냐 의 선택은 장애 학생의 청각장애 정도에 따라 여러 가지 를 숙고해서 결정할 문제인 거죠. 특수학교에서도 마찬 가지로 어려움이 있을 수 있거든요. 중요한 건 부모의 기 대와 바람으로만 결정할 문제는 아니라는 거예요.

관심학생: 그런데 듣고 보니 장애 학생의 교육 문제를 너무 개인 차 원에서만 선택하게 하는 게 아닌가 싶은데요. 국가에서 는 어떻게 보조하고 있나요? 정부에서 다 지원하고 해결 해주면 좋을 것 같은데…….

배 려 쌤: 좋은 질문이에요. 관심학생에게 이제 막 설명하고 싶었 던 부분이에요. 물론 정부에서 모든 문제를 다 지원하고 해결해주지는 못 하지만, 정부와 지자체에서 제공하는 다양한 복지서비스와 상담을 통해 실마리를 풀어갈 수

있을 거예요.

우리나라에서 청각장애인은 장애가 확인된 후부터 국가의 관리를 받고 있어요. 청각장애 영유아가 유치원에 등록하면 교육부에 청각장애 영유아로 이름이 올라가요. 지자체 교육부 산하 특수교육지원센터에서 장애아동·청소년의 교육 지원 및 필요 서비스를 제공하고 있거든요.

영유아기 청각장애인 경우 일대일 개별교육이나 집단교육을 받을 수 있고, 군센카드를 발급받아 재활 치료비로 사용할 수도 있어요. 청각장애 영유아 조기교육을 위한 부모 상담도 이루어지고 있고요. 지원 학생의 경우 의무교육 기간인 고등학교 졸업까지 근 20여 년간 서비스 받을 수 있어요.

관심학생: 그럼, 대학에 들어가는 청각장애인은 많은가요?

배 려 쌤: 2022년도 교육부 특수교육연차보고서에 따르면 일반학교와 특수학교를 포함해 고등학교를 졸업한 장애학생의 대학진학률은 56.2퍼센트로 볼 수 있어요. 그중 청각장애학생은 14퍼센트 정도이고요.

대학 내 장애학생지원센터에서는 장애 학생을 위한 학습도우미 인력을 수강 과목별로 연결해주고 있어요. 청각장애 학생은 듣는 데 어려움이 있기 때문에 주로 속기사나 수어통역사, 대필 인력을 학습도우미로 연결해주고요. 그 밖에 대학생활에 잘 적응할 수 있도록 동아리 활동을 지원하고, 학비가 경감되도록 장학금 지원도 마련하고 있고요.

관심학생: 배려쌤 말씀을 듣고 보니, 우리나라는 장애인이 대학까지 공부할 수 있는 여건이 나쁘지 않은 것 같아요. 장애 학생 학습도우미에 대해 좀 더 설명해주세요. 학습도우미는 아무나 할 수 있나요?

배 려 쌤: 그럼요. 해당 대학의 학생이라면 비장애학생, 장애학생 모두 학습도우미를 지원할 수 있어요. 물론 신청한다고 다 선발되지는 않아요. 적합성 여부를 판단하여 대학에서 선발하는 것이지요. 그리고 대학에서는 속기사나 수어통역사 같은 전문 교육지원인력을 학습도우미로 고용하고 있기도 해요.

기본적으로 장애 학생의 수강신청이 완료되면 교과목별 학습도우미 모집 공고를 대학에서 학교 홈페이지에 올려요. 학생들이 그걸 보고 학습도우미를 신청할 수 있는 거죠. 적합성이 확인되어 최종 선정된 학습도우미 학생들을 대상으로 장애의 이해와 장애인을 대할 때의 에티켓, 학습도우미의 역할에 대한 기본교육이 진행되는데, 장애 유형에 따라 학습도우미의 역할도 달라지기 때문에 유형에 맞는 기본교육을 받게 되어요.

관심학생: 장애 학생이 모든 교과목에서 학습도우미를 지원받을 수 있는지도 궁금해요.

배 려 쌤: 물론 장애 학생이 수강신청한 모든 교과목에 학습도우미가 지원되도록 하는 게 마땅해요. 그런데 그렇지 못한 경우가 많아요. 왜냐하면 학습도우미 활동을 원하는 학생들이 부족하기 때문이에요. 학습도우미는 학생들의 자발적 신청으로 운영돼요. 일정 봉사 장학금이 지원되는데도 불구하고 자원하는 학생들이 많이 없어요. 서울에 있는 대학의 경우는 그나마 전체 학생 수가 많아서 다양한 교과목에 대해 청각장애 학생과 학습도우미 학생의 매칭이 원활한 편이에요.

하지만 지방에 있는 대학의 경우는 상황이 좀 달라요. 청각장애 학생별 전공 교과목 학습도우미로 활동해줄 학생은 어느 정도 구할 수 있지만, 교양과목 중에서도 영어 과목 역량이 되는 도우미 학생이 부족한 경우가 많아요. 장애 학생 지원을 담당하는 교직원 배치를 아예 하지 않는 대학도 있고요.

관심학생: 아…… 그렇군요. 개선되어야 할 부분들이 많아 보이네요. 저부터라도 대학에 가면 학습도우미 활동에 관심을 가져봐야겠어요. 청각장애 학습도우미에 대해 더 설명해 주세요.

배 려 쌤: 청각장애 학생이 필요로 하는 학습도움은 청각장애의 중증 정도, 제1언어, 학습욕구에 따라 달라요. 그에 따라 학습도우미의 역할도 달라지는 거죠. 예를 들면 청각장애 학생이 인공와우 착용으로 가청 범위가 확대되어 강의 내용을 들을 수 있고 말로 자기 의견을 표현하여 집단 강의와 집단 활동에 참여할 수 있다면, 이 학생은 가청 범위에 포함되지 않아 놓친 강의 내용을 보완해줄 도움이 필요할 거예요. 즉 이들에게는 강의 내용을 대필해주거나 속기해줄 학습도우미가 필요한 거지요.

관심학생: 대필이나 속기를 지원할 학습도우미 신청자는 제법 많을 것 같아요.

배 려 쌤: 꼭 그렇지만도 않아요. 한국어로 진행되는 수업의 경우에는 대필과 속기가 쉬울 수 있어요. 이때는 타 전공 학생도 이 역할을 수행할 수 있죠. 하지만 자연계나 이공계의 경우 수식을 동반한 전공 강의라면 동일 전공의 대필자이거나 전문 속기사여야 가능해요. 영어, 일어 등 외국

어의 경우도 마찬가지예요. 대필이나 속기는 그 언어 구사가 가능한 사람이어야 하고 대필이나 속기 내용이 무엇보다 정확해야 하다 보니, 잘 맞는 학습도우미를 구하기가 어려워요. 전문 속기사는 비용 부담도 크고요.

관심학생: 속기사 같은 외부 전문가는 정부에서 다 지원해주는 줄 알았어요.

배 려 쌤: 정부 지원이 없진 않아요. 하지만 대학 측의 능동적인 노력이 있어야 그나마 외부 전문가를 극소수로 쓸 수 있는 정도여서 부족함이 있어요.

계속해서 이번에는 청각장애 학생의 장애 정도가 중증이어서 보조기기(인공와우, 보청기 등)로도 말의 음을 구분하기 어려운 경우를 예로 들어볼게요. 음성언어인 말로 소통하는 데 어려움이 크겠지요. 그래서 이들이 사용하는 제1언어가 수어예요. 보이는 언어인 수어로 현장성을 갖고 강의 내용을 전달받을 때 정보 접근과 학습 참여에 대한 만족도가 높아요. 물론 대필한 강의 노트는 복습할 때 학습에 도움이 되고요. 이런 경우 전문 수어통역사와 대필자가 동시에 필요하겠죠. 하지만 아무래도 인력과 비용 면에서 한계가 있어요. 다행히 요즘은 음성이 텍스트로 전환되는 앱이 개발되어서 청각장애 학생들도 많이 이용하고 있어요.

관심학생: 그 앱은 저도 자주 사용해요. 강의 필기를 따로 하지 않아도 되겠다는 안도감이 들더라고요. 물론 정확도를 위해 한 번씩 녹음된 음성과 대조해봐야 하긴 하지만요.

아, 갑자기 떠오른 질문인데요. 초·중·고등학교 때는 다들 EBS 강의를 듣고 공부하잖아요. 청각장애가 있는 학생들은 어떤가요? 학습 지원을 받을 수 있나요?

배려쌤: 청각장애 학생은 또래의 비장애 학생과 같은 방법으로 공부하기는 어려워요. 좀 더 교재를 여러 번에 걸쳐 반복 학습해야 하고요. EBS 강의의 경우, 장애 학생이 강의를 듣고자 하는 시간대를 정해 신청하면 전문 속기사가 웹으로 연결되어 실시간 강의의 지원을 하는 방법이 적용되고 있어요. 청각장애인을 위한 속기 전문 플랫폼을 운영하는 업체가 있고요.

필요한 경우 수어통역사를 요청해 지원받을 수도 있어요. 수어통역센터가 각 지역구마다 있으니 장애 학생의 거주지나 학교가 위치한 지역의 수어통역센터에 통역을 요청하면 돼요. 이때 외부 전문가 요청에 대한 비용은 교육부나 보건복지부에서 지원하고 있고요.

관심학생: 아, 그렇군요. 개별 공부는 그렇게 하면 되겠어요. 그럼,

학교에서 그룹 활동을 하는 경우는 어떤가요? 소집단 토론에 참여할 때도 학습 지원이 가능한가요?

배 려 쌤: 이런 경우 속기통역이나 수어통역 지원은 실질적으로 어려운 실정이에요. 청각장애 당사자가 소집단 내에서 자신만의 방식으로 의사소통을 해나가는 경우가 대부분이에요. 그리고 대면일 때와 비대면일 때는 조금 다른데요.

대면일 때는 그 집단의 구성원들이 청각장애에 대한 기본적 이해가 있고 청각장애인에 대해 관심과 배려의 마음을 쓴다면, 입 모양을 크게 하거나, 몇 가지 아는 수어를 동원해보거나, 표현하고 싶은 말을 글로 써서 전달하기도 해요. 그러면서 청각장애인이 얼마나 청력이 있는지, 입 모양을 읽을 수 있는지 등을 알아가는 거지요. 동시에 청각장애인도 대화하는 집단 구성원이 자신의 의사 전달을 얼마나 알아듣는지 파악할 수 있는 거지요.

이 과정은 상호 이해의 과정이에요. 비장애인은 청각장애인을 좀 더 깊이 알 수 있는 기회가 되고 청각장애인이 사용하는 수어라는 언어도 하나둘 배울 수 있고, 청각장애인은 비장애인과 함께 살아가는 방법을 배우는 기회가 되기도 해요. 그렇게 서로가 서로에게 학습도우미가 되고 있는지도 몰라요.

관심학생: 이번에는 비대면 그룹 활동이 궁금해요. 코로나19의 영향으로 비대면 활동이 제법 확대되었는데요. 청각장애 학생들은 어떻게 활동할 수 있나요?

배 려 쌤: 비대면 상태에서 학생들은 단톡방을 만들어 집단과제에 대한 정보를 공유하고, 그 안에서는 문자 중심의 토론이 자유롭게 이루어지는 편이에요. 이렇게 문자 중심으로 소통한다면 청각장애 학생들의 그룹 활동 참여는 그런대로 문제가 없어 보여요. 그런데 줌(ZOOM), 웹엑스(webex) 같은 실시간 화상으로 교육이 이루어진다면 또 다른 소통과 정보 접근의 문제가 발생할 수 있어요.

관심학생: 그러게요. 줌에서는 말로 소통하니까 청각장애인의 참여가 어렵겠어요.

배 려 쌤: 오프라인(대면)에서 음성 중심으로 이루어지는 소통 참여의 한계를 온라인(비대면)에서 똑같이 경험하는 거지요. 문제 해결을 위해 실시간 수어통역사 또는 속기사가 연결되어 학업의 어려움을 덜기도 해요. 하지만 속기와 수어통역은 청각장애 학생들에게 항상 0.01초쯤 늦게 정보가 전달되는 경험을 하게 만들어요. 속기사와 통역사가 먼저 음성 정보를 수집하고, 문자나 수어로 해당 정보를 전환하는 과정을 거치는 데 소요되는 시간인 셈이죠.

때문에 청각장애인은 음성 정보를 직접 수집하여 처리하는 청인들보다 0.01초를 기다려야 해요.

그 찰나의 시간에, 청각장애 학생이 궁금증이 생겨 질문을 시도하기도 전에, 이미 다음 주제로 강의 내용과 토론 주제가 넘어가버리는 거지요. 청각장애 학생은 교수자, 청인 학생들과 동시간대 수업과 토론에 있으나 실제 참여하고 있다고 느낄 수 없게 되는 거지요.

관심학생: 그럼 어떻게 해야 하죠? 청각장애 학생도 수업에 즐겁게 참여할 수 있게 하는 방법이 있을까요?

배 려 쌤: 교사나 교수자가 청각장애 학생이 잘 알아듣고 있는지 질문하여 확인하고, 궁금한 점이 있는지 물어봐주는 방법이 있어요. 속기와 통역이 전달되는 그 찰나의 시간을 활동을 함께하는 모두가 기다려주는 게 필요해요. 관심과 배려하는 마음씀을 실천하는 방법인 거죠.

관심학생: 관심을 가지고 물어보고 기다려주는 배려가 습관이 되어야 하는군요.

배 려 쌤: 바로 그거예요. 그리고 다른 관점도 생각해볼 필요가 있어요. 청각장애인을 만났을 때 비장애인도 어떻게 대화를 시작해야 할지 고민한다는 점이에요. 청인과 청인 사이는 말로 편하게 대화를 이어갈 수 있죠. 그런데 청각장

애인이 집단에 있다면 이들도 편하지는 않을 거예요. 말이 잘 전달됐는지 확신할 수 없기 때문이에요.

이때 청각장애인에게도 필요한 에티켓이 있어요. "제게 청각장애가 있으니 조금만 천천히 말씀해주세요" 하고 자신의 장애 상태와 대화 참여에 필요한 요구를 하는 거예요. 그래야 비장애인도 알아채고 배려의 마음씀을 보일 수 있게 돼요. 청각장애는 말하지 않으면 드러나지 않으니까요.

관심학생: 미처 생각해보진 않았는데, 꼭 필요한 에티켓 같아요. 장애 상태와 대화 참여에 필요한 요구를 직접 해준다면 더 공감될 것 같아요.

배 려 쌤: 또 하나 더 설명해야 할 것이 있어요. 간혹 교수자가 제공하는 학습 자료와 강의 내용이 맞지 않는 경우가 있거든요. 강의 자료를 요약해 작성한 PPT가 공유되는데, 강의를 하다 보면 세부 설명들이 부가되거든요. 그러면 청각장애 학생은 자료와 속기 또는 통역이 서로 다르게 지각될 수밖에 없지요. 그러다 보면 대필자나 수어통역사가 뭔가 잘못하고 있다고 느끼거나 교수자가 강의목표에 집중해서 강의를 진행하지 않고 있다고 생각할 수 있어요.

그래서 무엇보다 청각장애 학생이 이상하게 생각하고

궁금해하는 것을 질문할 수 있도록 개방된 학습 분위기가 필요해요. 다른 말로 표현하자면, 청각장애 학생이 자신이 속한 집단, 학교, 사회의 문화로 자연스럽게 드러날 수 있도록 지원하는 것이지요.

관심학생: 그리고 청각장애 학생과 학습도우미 사이에 신뢰도 필요하겠어요.

배 려 쌤: 맞아요. 사실 청각장애 학생은 소리감각의 장애 때문에 자신의 말이나 수어가 속기사나 수어통역사를 통해 제대로 전달되고 있는지 확인하는 데 한계가 있어요. 그래서 청각장애 학생과 학습도우미(대필이나 속기사, 수어통역사) 간의 신뢰가 무척 중요해요.

　　어찌 보면 청각장애 학생이 공부하는 곳에서 학습도우미는 단순히 학습을 돕는 사람이 아니라 학생과 교수, 교직원을 포함하여 세상과 장애 학생을 연결해주는 중요한 역할을 한다고 볼 수 있어요.

관심학생: 또 궁금한 게 있어요. 학업을 마친 청각장애인들은 어떻게 취업하나요?

배 려 쌤: 특수교육지원센터, 장애학생지원센터는 학생 신분일 때 필요한 지원을 받을 수 있는 곳이에요. 고등학교 졸업 후 취업이나 대학 졸업 후 취업은 한국장애인공단을 통해

이루어져요. 전국에 지부가 있어서 성인 청각장애인이 취업 지원을 신청할 수 있어요.

관심학생: 한국장애인공단은 국가에서 운영하는 곳인가요?

배 려 쌤: 네, 맞아요. 한국장애인공단은 고용노동부 산하기관이에요. 청각장애인를 포함해 여러 유형의 장애인의 취업을 지원하고 있어요. 필요한 경우 훈련비용도 부담해주고요.

관심학생: 그런데 청각장애인도 일반 회사에서 일을 할 수 있나요? 전화를 받을 수 없잖아요. 듣지 못하니까.

배 려 쌤: 바로 그게 청각장애인의 노동시장 진입에 가장 큰 장벽이에요. 전화로 소통이 불가능하니 일을 시키기 어렵다는 거지요. 우리나라가 IT 강국이라고는 하나 음성 중심의 소통을 해야 해서 아무리 인공와우로 가청능력이 좋아져도 전화 업무에는 한계가 있거든요. 그래서 청각장애인은 인지의 문제가 없음에도 단순노동이나 한직에 배정되는 경우가 많아요. 다른 사람과 교류하는 업무에서 배제되어 혼자 하는 업무를 배정받기도 하고요. 그렇다면 결국 어떻게 되겠어요?

배 려 쌤: 직장 동료들과 교류할 기회가 없게 되어서 동료애나 소속감을 느낄 수 없고, 뭔가 배제되고 있다는 고독감만 경험될 수 있어요. 생각해봐요. 관심학생이 학교에 갔는

데 하루 8시간 동안 같은 반 학생들과 한마디도 하지 않아요. 기분이 어떻겠어요?

관심학생: 너무 외롭고 답답할 것 같아요. 전 그렇게는 살 수 없어요⋯⋯.

배려 쌤: 그래서 직장에서도 청각장애인에 대한 관심과 배려의 마음씀이 필요해요. 청각장애인이 즐겁게 일할 수 있도록 돕는 거지요. 그래야 정신적으로 건강하고, 경제적으로 독립도 할 수 있고, 나아가 결혼도 생각해볼 수 있겠지요.

관심학생: 아, 결혼! 청각장애인은⋯⋯ 청각장애인과 결혼하나요?

배려 쌤: 일반화하기는 어렵지만, 성인이 되기까지 비장애인을 만나 연애하고 결혼하기를 기대하는 청각장애인이 많아요. 청각장애 자녀를 둔 부모들도 자녀가 비장애 배우자를 만나는 게 자녀의 일상을 좀 더 편안하게 공유할 수 있다고 생각해요.

　하지만 청각장애 당사자가 사회적 관계 경험이 확장되다 보면 아무래도 자신의 청각장애에 공감해줄 수 있는 같은 청각장애 파트너와 관계가 지속되고 결혼 관계로 발전하는 경우가 많아요. 청각장애라는 독특성을 비장애인이 공감하고 이해하기에는 넘어설 수 없는 벽이 있다는 걸 사회생활을 통해 경험해온 거죠. 물론 청각장애인과 비장애인이 결혼하는 경우도 제법 있어요. 결혼 생활 중 자신이나 배우자가 청각장애를 갖게 되는 경우도 있고요. 요즘 말로 하면 케바케(case by case)라는 거지요.

관심학생: 그렇군요. 뭔가 복잡한 사정들이 얽혀 있는 느낌이에요. 그런데 계속 이야기를 나누다 보니 저도 수어를 배워보면 좋겠다는 생각이 들어요. 수어를 배워두면 청각장애인을 만났을 때 작은 도움이라도 되지 않을까 싶어서요. 나중에 학습도우미를 지원할 때도 좋을 것 같고요.

배 려 쌤: 좋은 생각이에요. 그럼, 이번에는 청각장애인과 만날 때 어떻게 인사하고 자기소개를 할지에 대해 이야기를 해볼게요. 청인 대 청인의 만남이라면 인사하고 자기소개를 할 때 말과 눈빛, 태도가 한데 어우러지며 좋은 인상을 주기 위해 서로가 노력해요. 그런데 청각장애인 대 청인은 어떨까요?

관심학생: 청각장애인은 못 들으니까 글로 써서 보여주거나……, 아니면 큰 소리로 말하면 되지 않을까요?

배 려 쌤: 청각장애인은 사람마다 듣지 못하는 정도, 다른 말로 하면 듣는 정도가 다 달라요. 그래서 처음부터 글로 써서 보여주는 건 무리가 있어요. 큰 소리도 그렇고요. 그보다

는 기본적인 인사인 '안녕하세요' '저는 ○○○입니다'를 적당한 높이의 말로 하면서 수어를 함께 사용해보는 게 좋아요.

관심학생: 아, 이런, 제가 수어 이야길 하고선 수어가 답인 줄은 몰랐네요.

배 려 쌤: 수어에는 지문자와 지숫자가 있어요. 한글 자음 ㄱ, ㄴ, ㄷ…, 모음 ㅏ, ㅑ, ㅓ… 그리고 숫자 1, 2, 3, 4…100, 101…1000…을 손으로 표현하는 거예요. 그리고 한글과 말의 '안녕하세요'를 수어로 전환해서 쓰면 "안녕(수어: 잘) + 하세요(수어: 있다)"라는 합성어로 되어 있어요. 하나하나 배워가면 재미도 있고 보람도 있을 거예요.

관심학생: 와…… 그럼 지문자, 지숫자부터 암기해야겠어요.

배 려 쌤: 그래요. 응원할게요. 좀 포괄적으로 생각해보면, 우리는 어떤 이유로든 전 생애 중 한 번쯤은 청각장애를 경험하게 되어요. 인간의 평균 수명은 길어지고 있지만 감각기관의 노화에서 벗어날 수 있는 사람은 없어요. 사람은 나이가 들면서 안 들리고, 안 보이죠. 이때 청각장애를 경험해요. 의사소통 수단이 수신호가 되는 거지요. 이때 수어는 제법 적합한 언어로 쓰일 수 있어요.

이렇게 미래에 대한 대비도 되고, 청각장애가 아니더라

도 수어를 알면 자기표현도 제법 풍부해질 수 있어요. 무엇보다 수어는 노래, 뮤지컬, 마임 등 예술로 승화되는 멋진 언어예요. '농밴저스'라고 청각장애인 밴드도 있어요.

관심학생: 청각장애인들이 뮤지컬, 밴드를 한다고요?

배 려 쌤: 놀랍죠? 듣지 못하는 사람들이 어떻게 뮤지컬을 할까 하며 다들 처음엔 의구심을 가져요. 이들의 공연은 일반 공연과 다른 몇 가지 특징을 가져요. 일단 들을 수 없으니 뮤지컬의 중심축인 배경음악을 확인할 수 없잖아요.

그래서 청각장애인 뮤지컬 공연에 가보면 무대 앞에 수신호를 해주는 전문가들이 쭉 앉아 있어요. 공연이 진행되는 동안 삽입된 음악의 시작과 끝을 알려주는 신호를 주는 사람들이에요. 뮤지컬 배우나 수어통역사가 이 역할을 맡아요. 무대에 오른 청각장애인 배우는 수어로 노래를 불러요. 무대 앞 공연보조자, 배우, 공연 관람자 사이 수어교감이 이뤄지며 아름다운 공연으로 피어나요. 이들 공연단 이름이 '난파'예요. '난(수어: 나) + 파(수어: 할 수 있다)'라는 의미를 담고 있어요.

관심학생: 저도 수어 노래를 본 적이 있어요. 뮤지컬은 한 번도 본 적이 없는데, 기회가 되면 꼭 찾아가고 싶어요. 청각장애 공부를 하다 보니 앞으로 제 삶에서 해야 할 것들이 차

곡차곡 쌓여가는 느낌이에요. 특히 청각장애인을 위해 지문자, 지숫자를 포함하여 생활수어 배우기를 먼저 해 봐야겠어요.

PART 4

나는
정신장애인입니다

정신장애 공부

감정조절, 행동, 사고기능 및 사고능력 같은 정신적 영역의 장애로 일상생활이나 사회생활에서 어려움을 겪는 사람을 정신적 장애가 있다고 본다. 정신적 장애는 전문가에 의해 진단 가능하다. 관심학생과 배려쌤의 대화를 통해 정신적 장애 진단에 적용되는 도구가 무엇인지, 정신적 장애의 다양한 유형과 해당 증상을 살펴볼 것이다. 우리가 한 번쯤 경험했을 우울증과 이로 인한 일상생활의 장애, 청소년기 ADHD와 성인기 ADHD, 외상후스트레스장애, 각종 중독의 성향들이 여기에 해당한다. 또한 현대인의 생활 습관을 예시로 들어 정신건강의 위협 요소를 관리할 필요성도 생각해볼 것이다. 무엇보다 조현병을 가진 사람의 사고기능 및 사고능력, 행동에 대해 알아보고, 약물복용과 후유증, 가족관계, 사회적응 과정을 보여주는 정신장애인 당사자의 글을 통해 조현병 정신장애인의 일상을 이해해보는 기회가 되기를 바란다.

제가 사는 세상을 알려주고 싶습니다. 부모님과 함께 살고 있기 때문에 의식주 걱정이나 불편함이 없습니다. 부모님 모두 출근하시기 때문에 집에 혼자 있거나, 시간이 되면 사회복지기관에 가서 프로그램에 참여합니다. 한 달에 한 번쯤 병원에 가고, 선생님과 어떻게 지내는지 이야기하고 나면 진단서를 주십니다. 약국에 가서 약을 타오면 됩니다. 한 달에 한 번 갈 때도 있고 몇 개월에 한 번씩 가기도 합니다. 가끔 저희 집을 방문하시는 선생님도 있습니다. 그럴 때면 어머니가 출근하지 않고 저와 함께 있습니다, 이런 일상의 반복을 사람들은 참 지루하고 심심하겠다고 합니다.

하지만 그런 걱정을 할 필요가 없다고 말해주고 싶습니다. 가까운 친구가 늘 함께 있기 때문입니다. 그 친구는 집에 있을 때와 외출했을 때 모습이 좀 다릅니다. 가끔 다른 사람인가 싶기도 하지만 저에 대해 잘 알고 있는 걸 보면 분명 같은 친구임에 틀림이 없습니다. 집에 있을 때는 재미있는 이야기로 저를 웃게 해줍니다.

어제는 정신건강센터 프로그램을 마치고 돌아오는 길에 다이소에 들렀습니다. 그때 계산대에 있던 아르바이트생이 저를 향해 웃었는데, 아마도 그녀가 저를 좋아하는 것 같다고 그 친구가 말해줬습니다. 저도 대학생인 것 같은 그 아르바이트생이 저를 보고 웃으며 무인계산을 도와줬을 때 저를 좋아한다고 느꼈습니다. 저의 예상이 적중했다는 것을 확인했습니다. 또 그 친구는 이웃의 소식을 전해줍니다. 예를 들면 이웃집에 살고 있는 고등학생 녀석이 학교 성적이 떨어져서 밤새 울고 있다는 걱정스럽고도 슬픈 이야기를 합니다. 가만히 귀 기울여보니 창 너머로 울음소리가 들려오는 겁니다. 그 친구를 통해 이웃들의 근황을 알 수 있고, 외로울 겨를이 없습니다.

저는 복지기관에서 운영하는 프로그램에 참여하고 있습니다. 직업재활 훈련도 있고 사회기술 훈련도 있습니다. 매일 다른 프로그램이 진행되고 있어서 재미있습니다. 기관에 오는 사람들과 식당에서 식사를 같이하기도 하지만, 저는 그 친구와 나가서 점심을 먹습니다. 주로 분식을 사 먹고, 제 생일 같은 특별한 날에는 중국집에 가기도 합니다. 복지기관을 다닌 지는 7년째라 이 동네 식당들을 이용한 것도 그쯤 되고 있습니다. 처음 식당에 갔을 때 짜장면 두 개요 하고 주문하면 사장님과 종업원들이 이상한 눈으로 저를 바라봤습니다. 저에게 손가락질하며 욕하는 것처럼 생각되어 힘들었는데, 함께하는 그 친구가 있어서 괜찮았습니다. 지금은 식당에 가서 밥을 먹어도 아무도 그렇게 보지 않습니다. 다 그 친구 덕분인 것 같습니다. 저는 복지기관 프로그램에 성실히 참여하고, 외출하고, 밥 먹고 잘 지내고 있습니다.

부모님과 선생님들은 항상 저를 염려하십니다. 매일 약을 먹었는지 확인하십니다. 그분들은 제가 '조현병(과거 정신분열병)'이라고 합니다. 저의 말동무가 되고, 저를 위해 함께 밥 먹으러 가주는 친구는 실제로 없다고 부정합니다. 저는 도저히 이해할 수가 없습니다. 왜냐하면 저는 매일 그 친구를 보고, 듣고, 대화를 나누고, 친절함을 느낄 수 있기 때문입니다. 그 친구와 나눈 대화도 다 기억하는데 말입니다. 의사 선생님, 복지기관에서 일하시는 선생님, 부모님은 제가 하루를 어떻게 지내고 있는지보다 조제해준 약을 잘 먹고 있는지 확인하는 게 중요한 것 같습니다.

정신병 약을 먹은 지 거의 10년쯤 되어가고 있습니다. 병원에도 여러 번 입원한 기억이 나는데 다시는 가고 싶지 않습니다. 마음대로 할 수 있는 게 하나도 없고, 그냥 침대에 누워 주는 밥을 먹는 게 다였습니다. 안 움직이니 변비도 생겼고, 끼니 때마다 주는 약을 먹으면 졸음이 오거나 몸이 축 늘어지는 기분이 들었습니다. 어떨 때는 나도 모르게 여기에서 저기까지 왔다 갔다를 반복하고 있었습니다. 선생님의 설명을 듣고 이게 약물 부작용이라는 것을 나중에 알게 되었습니다. 전보다 몸이 붓고, 점점 비만이 되어가고 있습니다. 약물을 복용한 후부터 입 마름이 잦아졌습니다. 늘 마실 음료를 찾고, 점점 자극적인 음료를 찾게 되었습니다. 편의점 냉장고에서 고른 음료는 콜라, 사이다가 대부분이다 보니 비만은 더 심각해졌습니다. 복지기관에서는 이것도 약물 부작용이기 때문에 관리해야 한다고, 매일 한두 시간씩 산책을 나가는 프로그램을 권했습니다.

　아직도 조현병이라는 게 받아들여지지 않습니다. 부모님이 걱정하시는 건 아마도 제가 그 친구와 이야기를 하다 보면 밤새 깨어 있기 때문일 겁니다. 새벽에 잠이 들면 아침에 일어나지 못하니까, 부모님이 출근하시는 걸 볼 수 없습니다. 낮과 밤이 바뀌니까 복지기관에 나가지 못하는 날도 생겼습니다. 부모님은 자신들이 집에 없을 때 제가 혼자 아무것도 하지 않고 밥도 안 먹고, 약도 안 먹고, 잠도 안 자고 하는 걸 걱정하시는 것 같습니다. 그래서 가능한 정해진 시간에 자고, 일어나고, 밥 먹고, 약 먹고, 복지기관에 갔다 오고 하는 일상적 삶을 확인하십니다. 저의 조현병을 인정하는 건 아니지만 부모님의 걱정이 무엇인지 알기 때문에 가능한 부모님 기대에 맞추려고 저도 나름대로 노력하고 있습니다.

관심학생이 배려쌤에게
정신장애를 묻습니다

관심학생: 오늘 학교에서 정신적 장애 이야기가 나왔는데요. 배려 쌤, 정신적 장애가 뭔가요?

배 려 쌤: 정신적 장애가 무엇인지 알기 위해서는 먼저 정신건강에 대한 이해가 필요해요. 관심학생은 정신건강이 무엇이라고 생각하나요?

관심학생: 몸이 건강한 것이 아프지 않은 상태이니까, 정신건강은 정신 즉, 마음이 아프지 않은 상태예요. 그럼, 정신적 장애는……

배 려 쌤: 정신적 장애는 마음이 아픈 상태로 이해할 수 있어요. 마음이 어떻게 아픈 상태일까요? 사람마다 마음이 아픈 이유가 다 다르잖아요. 증상도 다르고요. 게다가 마음은 아프다고 말하지 않으면 잘 드러나지 않는 경우도 많고요.

관심학생: 아…… 그러네요. 뭔가 기준이 필요할 것 같아요.

배 려 쌤: 우리나라는 정신적 장애의 기준을 장애인등록법에 명시

하고 있어요.

관심학생: 장애인등록법은 어디서 찾아봐요?

배 려 쌤: 인터넷 검색창에 '국가법령정보센터'를 입력하고 찾아보면 돼요. 궁금한 키워드를 입력하면 관련 법들이 검색 결과로 나와요. 장애인등록법에서는 정신적 장애를 정신장애와 발달장애(지적장애, 자폐성장애)로 구분하고 있어요.

지적장애(정신지체)는 정신발육이 지체되거나 지적 능력의 발달이 불충분하거나 불완전해서 일상생활에 제약을 받아 다른 사람의 도움이 필요한 경우예요. 하지만 정신장애는 지적 능력에 이상이 없어요. 한마디로 정신적 장애는 감정조절, 행동, 사고기능 및 능력의 장애로 일상생활이나 사회생활에 상당한 제약을 받아 다른 사람의 도움이 필요한 상태를 말해요.

관심학생: 그럼, 정신적 장애를 누가 결정해요?

배 려 쌤: 1차적으로 의료적 진단으로 결정해요. 정신적 장애 진단에는 여러 척도가 적용되는데, 그중 하나의 참고적인 DSM-V에 근거해서 정신질환 여부와 심각도를 파악하고 있어요. 미국정신의학협회가 출간한 DSM-V(Diagnostic and Statistical Manual of Mental Disorders)는 번역되어 '정신질환 진단 및 통계편람 제5판'이라고 불러요.

관심학생: 뭔가 전문적인 지식을 알아야 할 것 같아 머리가 아파지기 시작했어요.

배 려 쌤: 걱정하지 말아요. 정신적 장애가 워낙 광범위하고, 전문 분야이기 때문에 단번에 알기 힘들 순 있지만, 찬찬히 이해하다 보면 그리 어렵지 않을 거예요.

관심학생: 그럼, 정신장애는 정신분열 환자들을 말하는 건가요?

배 려 쌤: 요즘은 '정신분열'이라는 용어 말고 '조현병'이라는 말을 써요. 현악기가 잘 조율되지 않아 부조화되고 혼란스러운 상태와 비슷하다고 해서 '조율하다 + 현(가야금이나 거문고 같은 현악기의 줄)'의 합성어로 조현병이라 하지요. 조현병은 정신장애에 속하는 한 유형이에요.

관심학생이 알 만한 증상으로 망상과 환각이 있어요. 과대망상, 피해망상, 관계망상 이런 종류들이지요. 환청이 들리거나 환시가 보이는 사람이 조현병을 앓고 있는 사람이고요. 극심한 스트레스를 경험한다든지 하면 1개월 이하의 짧은 기간 동안 조현병 증상이 나타났다가 사라지는 사람도 있어요. 대체로 조현병은 10대 후반부터 30대 중반 사이에 발병한다고 알려져 있어요. 알코올의존증의 경우도 조현병에서 나타나는 환각과 망상 같은 증상이 보이기도 해요.

관심학생: 이런 증상들이 있는가 없는가를 확인하고 정신장애를 판정하는 건가요?

배 려 쌤: 그렇지요. DSM-V에 근거해서 의료적 증상 진단을 하고, 이런 정신질환 증상들로 인한 일상생활의 손상이나 장애 정도까지 광범위하게 파악한 후 정신장애 여부를 판별하게 돼요. 이는 세계보건기구(World Health Organization: WHO)의 건강 개념을 반영한 것이고요.

관심학생: DSM-V(정신질환 진단 및 통계편람 제5판)는 '편람'이기 때문에 정신장애 종류가 엄청나게 많을 것 같은데요? 제가 그걸 다 알아야 할까요?

배 려 쌤: 당연히 아니에요. 우리가 지금 그 많은 부분을 다 공부하기엔 무리가 있지요. 이번 시간에는 관심학생이 알 만한 몇 가지 정신장애를 예로 들어 이야기를 나눌 거예요. 조금 소개하자면, 앞에서 말한 조현병이 잘 알려진 정신장애의 종류이고요. 그 밖에도 조증과 우울증이 반복되면 양극성장애, 우울증이 지속되면 우울장애, 지하철과 터널 등 특정 공간이나 대상에 대한 공포증이나 공황장애는 불안장애에 속해요. 공황장애를 호소하는 연예인들의 사례도 들어봤을 거예요.

　또 뭔가 수집하고, 쓸고 닦고에 집착하는 증상일 때

는 강박장애, 특정 사건 후 일상 적응의 어려움을 호소하는 외상후스트레스장애(PTSD), 극심한 다이어트를 시도하면서 발생할 수 있는 섭식장애 등이 있어요. 그 밖에도 정신장애 범주와 그 하위 장애는 아주 많아요. 혹시나 이 분야에 관심이 많은 학생이라면 대학에서 세부 전공으로 더 공부해보기를 권해요.

관심학생: 정신장애는 종류가 정말 많군요. 진단하기도 너무 어렵겠어요.

배 려 쌤: 그렇죠. 그리고 발달장애까지 포함해서, 생애주기에 따라, 다양한 증상을 통해 정신건강의 위기를 예측해보는 것도 중요해요. 아동·청소년기에는 지적장애와 의사소통장애, ADHD, 학습장애, 자폐성장애를, 청장년과 노년기에는 치매 전 단계인 건망증, 기억저하, 인지기능저하의 증상들이 있을 때 신경인지장애를 예측해볼 수 있어요.

　관심학생과 같은 청소년기에 겪는다는 중2병 있지요? 시험불안, 호르몬 불균형 등 여러 가지 이유를 들 수 있겠지만, 무엇보다 감정기복이 다양한 행동으로 표현돼서 그래요.

관심학생: 아, 중2병 많이 들어봤어요. 저도 그 상태인가 싶기도 하고요. 그게 다 성적 스트레스 때문이에요. 공부 공부하

고, 대학을 꼭 가야 한다고 하니까, 꿈이 꼭 있어야 하니까. 꿈을 강요받는 것 같기도 하고. 그런데 강요 아닌 강요적인 그런 얘기를 계속 듣다 보면 우울해질 때가 많아요. 이게 정신장애인가요?

배려 쌤: 정신건강을 이야기할 때 우울증은 빠질 수 없지요. 다양한 정신장애의 기저에는 우울함이 깔려 있거든요. 그런데 가벼운 우울감은 누구나 느낄 수 있어요. 학업성적이 저조하거나 친구와 싸웠거나 선생님이나 부모님께 꾸중을 듣거나 하면 잠시나마 우울한 느낌이 들지요. 자연스러운 감정이에요. 그러다가도 즐거운 일이 생기거나 학업성적을 올리기 위해 공부 계획을 세우면서 의욕이 넘치면 우울감에서 벗어나요. 물론 반대로 성적을 포기하고 스스로 마음 편하게 살자 다짐해도 우울감에서 벗어나고요.

　하지만 우울감이 1개월, 6개월, 1년 이상 지속된다면 문제가 있어요. 우울한 사람은 잠을 자지 않고, 먹지도 않고, 친구나 학교생활에 흥미나 즐거움을 상실하고, 감정이 없는 상태에 머물러 있어요. 이런 상태가 2주 이상 매일 지속된다면 정신건강과 검진을 받도록 권하고 있어요. 이런 우울장애 진단기준이 DSM-V에 포함되어 있는 거고요.

관심학생: 우울장애가 있는 사람은 자살을 생각하기도 하잖아요. 이럴 땐 어떻게 해요?

배 려 쌤: 그 마음을 돌릴 수 있도록 다방면으로 노력해야 하겠죠. 결코 가볍게 다룰 수 없는 문제니까요. 청소년의 경우, 청소년상담센터 홈페이지에서 시험불안, 자살예방을 위해 청소년이 묻고 전문가가 답하는 방식으로 활동을 이어가고 있어요. 청소년이 일부러 홈페이지를 찾아보지 않기 때문에 실질적 홍보 효과를 기대하기는 무리가 있지만요.

청소년상담전화 1388은 알고 있지요? 학교 게시판 어딘가에 포스터가 붙어 있는 것을 본 적이 있을 거예요. 유선전화는 국번 없이 1388만 누르면 돼요. 무선전화는 지역번호를 누른 다음 1388을 눌러야 연결이 가능하고요. 모바일 채팅 상담도 가능해요. 청소년이 경험하는 어떠한 문제를 말해도 돼요. 여성가족부 지원으로 운영되는 전국의 청소년상담복지센터가 연계되어 있어요.

그리고 청소년에 한정하지 않더라도 아주 오랫동안 생명 존중을 실현하기 위해 자살예방을 실천하는 기관도 있어요. '생명의전화'라고 들어봤어요?

관심학생: 들어본 것도 같고 낯설기도 하고 그래요. 국가가 운영하는 건가요?

배 려 쌤: 아니에요. SOS 생명의전화는 사회복지법인으로 민간비정부기관(Non-governmental Organization: NGO)이에요. 1588-9191로 전화하면 돼요. 서울은 한강을 연결하는 다리가 아주 많아요. 이 다리 위에서 자살 시도를 하는 사람들이 늘어나니까, 여기에 긴급상담전화기를 설치해 두었어요. 두 개의 핫라인이 24시간 365일 열려 있어요.

관심학생: 두 개의 핫라인이요? 일반 전화처럼 사용하면 되는 건가요? 아니면 수화기만 들면 될까요?

배 려 쌤: SOS 생명의전화는 일반 공중전화기와 버튼이 달라요. 버튼이 딱 두 개 있어요. 하나는 '119'라고 쓰여 있고, 또 다른 버튼은 '생명의전화'라고 쓰여 있어요. 누군가 자살

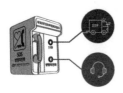

119 버튼 사용방법
[상황] 지나가던 시민이 자살시도를 목격한 상황
119 버튼 클릭(신고) → 119구조대 출동

생명의전화 버튼 사용방법
[상황] 자살 시도자가 전문 상담원과 통화시도
생명의전화 버튼 클릭 → 전문 상담원과 상담

을 시도하려는 상황을 목격하면 119 버튼을 눌러야겠지요. 119구조대와 연결되어 있어서 바로 출동해 구조해요.

만약 자살을 시도하러 한강 다리 위에 온 사람이 있다고 해봐요. 자살을 생각하고 실행에 옮기기 전 그 찰나에 누군가가 자신을 말려주기를 바랄 수 있잖아요. 생의 마지막 순간에 누군가와 이별을 나누고 싶을 수도 있고요. 그런 사람들을 위해 '생명의전화' 버튼을 누를 수 있는 기회를 주는 거지요. 버튼만 누르면 상담원과 연결이 돼요. 그렇게 연결된 전화통화로 마음을 털어놓고, 위로받고, 자살 계획을 멈추고, 자살의 위기에서 구조되는 사람들이 있어요.

관심학생: 자살하고 싶다는 마음을 안 먹는 게 제일 중요할 것 같아요……. 정신장애로 마음이 아프고 무너지고 하면 쉬운 일은 아니겠지만요.

배 려 쌤: 맞아요. 결코 쉬운 일이 아니지요. 그러기에 더더욱 개인적

으로도 사회적으로도 정신건강을 위한 노력이 필요해요.

관심학생: 그런데 배려쌤, 제가 그러려고 하는 건 아닌데, 요즘은 자꾸 엄마 아빠한테 막말을 하고 문을 꽝 닫아버리고……. 물론 항상 그런 건 아니에요. 우울한 감정이랑은 또 다른 것 같은데, 이런 제 상태도 정신장애인가요?

배 려 쌤: 마음은 안 그런데 욱할 때가 있지요. 성장의 과도기예요. 너무 걱정하지 않아도 되어요. 중요한 건 이 과도기에 자신의 마음을 어떻게 조절하고, 다른 사람과의 관계 맺기를 이어가느냐예요. 이 시기의 관계 경험이 발달의 다음 단계인 성인기 초기, 20대 청년기를 건강하게 지낼 수 있게 만들어줘요.

　어떤 특정 장애가 영향을 미칠 수도 있지만, 대체로 전 생애주기에서 '관계'라는 단어는 모든 일을 관통하는 용어 같아요. 물론 요즘 청소년들은 '사람과 사람 사이의 관계'보다는 '사람과 게임 간의 관계'에 좀 더 몰입하고 있다는 점이 문제로 제기되고 있지만요.

관심학생: 게임을 안 하는 친구들은 없어요. 그런데 한 친구는 그것 때문에 부모님에게 핸드폰도 빼앗겼대요. 게임중독이 심해서 그렇다고 들었어요. 게임 때문에 정신장애에 걸렸다고 하는 것 같던데……. 저도 게임을 좋아하거든요,

문제가 있는 걸까요?

배려 쌤: 요즘은 누구나 핸드폰을 갖고 있어서 게임에 접근하는 게 아주 쉽죠. 이렇게 누구나 하는 행동이 장애가 되려면, 그 행위의 빈도, 주기, 지속 기간, 심각도를 따져봐야 해요. 일주일 중 얼마나 자주 게임을 하는가? 하루에 게임 시간은 얼마나 되는가? 게임의 빈도와 주기의 지속 기간이 얼마나 되는가? 예를 들면 일주일 중 매일 6시간 이상 게임을 하고 있다면 뭔가 염려를 해봐야겠지요. 이런 상태가 6개월, 1년 이상 지속된다면 더욱 심각하게 게임중독을 의심해봐야겠고요.

게다가 게임을 하느라 학업성적이 저조하고, 친구와 만나지 않고 집에만 틀어박혀 있고, 낮과 밤이 바뀌고, 수면 부족과 식사 시간이 일정치 않아 체중 감소를 보일 수도 있어요. 아니면 인스턴트 음식만 먹고, 외부 활동을 하지 않고 앉아서 게임만 하다 보면 비만이 생길 수도 있어요. 만약 이렇게 게임 때문에 일상생활에 부정적 결과를 초래한다면 게임중독의 심각성을 느껴야 해요.

관심학생: 다른 장애를 설명할 때 말씀해주신 것 같은데, 장애라고 생각하려면 특정 증상이 있어야 하고, 이 증상으로 인하여 일상생활의 손상 및 장애가 있어야 한다는 말이군요.

배 려 쌤: 그렇지요. 아주 잘 기억하고 있네요! 게임 중독은 인터넷 중독에 포함돼요. 그리고 인터넷 중독에는 게임을 비롯해 사이버관계 중독, 사이버섹스 중독, 네트워크 강박증, 정보과몰입도 포함되어 있어요.

관심학생: 다른 것들은 들어봤는데, 정보과몰입은 뭐예요?

배 려 쌤: 그냥 가만히 있지 못하고, 핸드폰을 계속 터치하면서 검색하는 거예요. 웹서핑한다고 하지요. 어떤 목적이 있는 게 아니에요. 딱히 특정 정보가 궁금한 것도 아닌데, 그냥 손가락으로 터치해가는 거예요. 그 상태로 1시간, 2시간이 그냥 흘러요.

　　버스나 지하철을 타고 주변을 둘러봐요. 과거에는 책을 읽는 사람, 옆 사람과 대화를 나누는 사람, 혼자 음악을 듣거나 가만히 앉아 조는 사람이 눈에 띄었어요. 지금은 어떤가요? 고개를 숙이고 손바닥만 한 핸드폰 액정을 바라보면서 손가락을 쉬지 않고 있어요. 게임하는 사람도 있지만 많은 사람이 인터넷에서 눈에 띄는 키워드나 사진을 찾아 터치해요. 그냥 가십을 쫓는 거지요. 이런 행위가 습관이 되어 인터넷에 매달리는 현상을 정보과몰입 상태라고 해요.

관심학생: 아…… 저도 종종 그래요. 주말에는 학교나 학원에 안 가

고 집에 있거든요. TV 보는 것보다는 핸드폰을 손에서 놓지 않고 있어요. 아무것도 하지 않으면 어쩔 줄 모르겠고요. 그럼 다시 핸드폰을 보고 있어요. 부모님이 심부름 시켜도 핸드폰을 계속 보다가 혼난 적도 있어요. 실은 핸드폰으로 게임을 안 할 때는 웹툰을 보고 있는데 심부름을 시키면 짜증이 나거든요. 웹툰을 보기 시작하면 이게 끝이 없으니 계속 궁금하고, 그러다 보면 늦은 시간까지 몰입해 있는 저를 봐요.

배려 쌤: 부모님께 꾸중을 좀 듣겠는데요. 그게 잔소리로 들리겠고요. 조만간 인터넷 사용 시간을 제한받거나 핸드폰을 뺏길 수도 있겠어요. 그러다 보면 인터넷에 매달려 있는 자기 자신에 대한 문제의식보다는 부모님에 대한 분노가 더 차오를 수 있어요.

　　게임을 하다 보면 성적에 대한 압박도 게임으로 풀고, 친구와의 만남이 지루해지고 사람들과의 관계가 나빠지는 상황도 무시한 채 게임을 하는 데만 더 많은 시간을 할애하게 돼요. 청소년기는 가족관계에서 학교를 매개로 한 친구로 관계가 확장되어 사회 정체성을 확립해가는 시기예요. 그런데 이 시기에 사람이 아닌 사물 대상(인터넷: 게임)에 몰입하면 자아 성장에 치명적인 손상을 일으

킬 수 있어요.

관심학생: 게임을 하는 시간이 늘고, 핸드폰을 놓지 못하는 청소년은 어떻게 하면 좋을까요? 사실 전 어떻게 해야 할지 모르겠어요. 게임이 너무 좋은걸요.

배 려 쌤: 게임을 좋아하는 것 자체가 나쁜 건 아니네요. 앞서 말했듯 그 정도가 심각하다면 문제인 거죠. 만약 이런 증상을 보이는 친구가 있으면, 우선 부모님이나 선생님에게 관찰이 될 거예요. 그리고 진료와 치료 및 상담을 안내받을 거예요. 혹시나 관심학생이 보기에 그렇게 보이는 친구가 있다면 상담교사나 담임선생님께 말씀드려보는 것도 좋겠어요. 부모님이나 선생님이 미처 발견하지 못한 경우일 수도 있으니까요.

관심학생: 게임중독도 그렇고, 조현병이나 우울장애가 완치될 수 있나요?

배 려 쌤: 정신건강이나 정신장애 영역에서는 완치라는 말보다 '회복'이라는 말을 사용해요. 정신질환은 보통 원인보다는 증상으로 진단해요. 필요하면 전문가에게 개인상담을 받아보고, 의료진으로부터 정신건강 진료를 받아볼 수도 있고요.

　　게임중독은 개인이 치료받는 것도 중요하지만, 함께 정

신건강을 보장하는 환경을 만들어가는 게 무엇보다 중요해요. 조현병의 경우는 상당 부분 장애 발생 이후 나머지 삶 동안 약을 복용하면서 지내야 해요. 우울장애도 약물치료와 상담을 포함한 다양한 서비스가 함께 이루어져야 하고요.

그리고 1차적으로 약물 처방을 받더라도, 2차적으로는 증상으로 인한 일상생활 손상의 회복을 어떻게 하는가가 중요해요. 약물은 증상 완화와 악화를 예방하는 효과가 있어요. 약물로 증상을 다루면서 일상생활 훈련이 더해져야 하는 거예요.

관심학생: 정신장애를 앓고 있는 사람은 종합병원의 정신건강과 진료를 받나요?

배려 쌤: 종합병원의 정신건강과 진료를 받아도 되고 정신건강과나 신경정신과 개인병원을 찾아도 되어요. 참고로, 신경정신과라고 쓰여 있는 개인병원을 본 적이 있을 텐데요. '정신건강과'가 적절한 표기인데 신경과를 접목한 이유는 치매와 파킨슨병은 정신질환이지만 신경과 진료도 함께 봐야 하기 때문이에요. 규모가 큰 종합병원은 신경과와 정신건강과를 구분하고 있지만, 지역 개인병원은 두 가지 질환의 진료를 함께 보고 있는 거지요.

정신장애의 일상생활 회복을 위해서는 지속적인 개인 및 집단 상담이 필요해요. 청소년의 경우, 청소년상담전화 1388에서 자살 예방뿐만 아니라 청소년 대상 인터넷 중독 상담도 진행해요. 채팅상담도 있고, 전화상담, 대면 상담도 있으니 원하는 방식으로 상담을 하면 돼요.

관심학생: 그런데 가까운 사람이 정신질환이나 정신장애가 있으면 평생 그 모습을 보면서 함께 살아가야 하잖아요. 제 가족 중, 친한 친구 중 누군가에게 이런 장애가 있으면, 과연 마음씀을 유지할 수 있을까 걱정돼요. 그냥 옆에 있어주기도 쉽지 않을 것 같기도 하고요. 내가 버텨낼 수 있을까? 두렵거든요.

배 려 쌤: 아마 관심학생뿐만 아니라 대부분이 그런 걱정을 할 거예요. 정신장애는 그만큼 쉽지 않은 문제이니까요. 정신질환으로 고통받는 친구 중 학업 중단 사례도 발생해요. 원인이 명확하진 않지만, 옆에서 지켜보는 입장에서의 무관심, 아니면 그 친구를 회피하거나 따돌림의 대상으로 삼는 경우 학업 중단에 영향을 미칠 수 있다고 봐요.

우리가 가장 먼저 함께할 일은 정신건강 회복을 위해 병원 진료를 받고 약을 복용하는 사람들에 대해 '정신병자'라는 부정적 시선을 거둬들이는 거예요. 정신적 장애가 있는 사람을 돕기 위해 무엇을 행동으로 실천하겠다 이전에, 어떤 관점과 시선을 갖고 있는가를 먼저 살펴도록 자신을 잘 들여다보라는 말이에요. 그것이 '마음'이고, 그다음의 '어떻게'가 '씀'이에요. 나아가 이렇게 정신장애를 알아가는 과정이 자신의 정신건강을 점검해보는 좋은 계기가 될 거예요.

관심학생: 네, 그렇게요. 친구들에게도 이야기해줘야겠어요.

PART 5

나는
발달장애인입니다

발달장애 공부

지적장애(정신지체)와 자폐성장애를 발달장애라고 한다. 지적장애는 지능검사 결과와 적응 행동의 어려움 정도로 판정하고, 자폐성 장애는 현실 세계와 동떨어진 사고와 그로 인한 행동을 반복적으로 보이므로 반드시 의사소통장애를 수반한다. 발달장애는 아동기에 진단되고, 장애 특성 때문에 발달 주기마다 기대되는 과업 수행에 어려움을 겪는다. 그들에게는 특수교육, 재활치료, 안전한 돌봄 환경이 필요하다. 발달장애 자녀를 둔 부모들은 지능이 어린아이와 같고 자신의 세계에 갇혀 있지만 몸은 어른이 된 성인기 발달장애인이 "진입할 수 있는 사회가 없다"라고 한목소리로 이야기한다. 발달장애인을 인터뷰한 글에서 발달장애인이 부모를 보는 시선, 발달장애인 당사자와 부모의 욕구 차이를 이해할 수 있을 것이다. 발달장애인의 평생교육 필요성, 1차적 보호에서 나아가 장애 당사자의 욕구에 귀 기울이고 참여 확대로 방향을 전환할 필요성에 대해 함께 생각해보자.

저는 발달장애로 진단받았습니다. 어릴 때부터 복지카드가 있었습니다. 복지카드를 목걸이로 하고 다녔습니다. 지금은 지갑에 넣고 다닙니다. 엄마는 스물두 살이 된 제 이름을 아기를 대하듯 부릅니다. 어디를 가든 엄마가 함께합니다. 혼자 있다고 생각해본 적이 없습니다. 중학교와 고등학교 때는 기숙학교에서 지냈습니다. 금요일 오후부터 월요일 아침까지는 집에서 지냈습니다. 자주 엄마가 학교에 오셨기 때문에 기숙사생활은 잠깐이라고 기억합니다. 고등학교를 졸업해서는 쭉 집에서 지내고 있습니다. 얼마 전부터는 바리스타 교육을 받고 있습니다. 엄마가 신청했다고 합니다. 학생일 때는 집-학교-기숙사-집에 있었습니다. 지금은 집-카페-집이 매일 반복됩니다.

제가 누구냐고요? 제 이름은 한길(가명)입니다. 엄마가 저를 잘 알고 있습니다. 사람들이 제 얘기를 듣고 싶어 합니다. 저와 엄마가 함께 앉아 있으면, 시간이 지날수록 엄마 얘기를 듣고 있습니다. 엄마가 저를 대신합니다. 사람들을 만날 때마다 반복되어서 저도 외울 정도입니다. 제가 누구인지 엄마 말을 들으면 사람들 눈빛이 달라집니다. 엄마는 자신 얘기보다 제 얘기를 더 많이 합니다. 눈맞춤이 안 된 나이를 이야기합니다. 설명해도 잘 알아듣지 못해 반복적이고 쉬운 말로 설명한다고 합니다. 말을 늦게 배우는 아이였다고 합니다. 이상한 행동을 해서 걱정했다고 합니다. 어릴 때부터

○○병원을 데리고 다녔다고 합니다. ○○복지관, ○○센터에서 언어치료와 놀이치료를 받게 했다고 합니다. 대화가 가능한 아이가 될 수 있었던 건 재활치료를 받았기 때문이라고 합니다. 일반학교에 보냈다가 특수학교 기숙학교에 보내게 되었다고 합니다. 자립생활 준비를 위해서라고도 합니다. 학교 졸업 후 집에서 1년을 아무것도 하지 않고 있을 때는 더 이상 한길이가 할 수 있는 일이 없는 것 같아 많이 우셨다고 합니다. 바리스타를 배우고 있어 다행이라고도 합니다.

엄마 이야기를 진영이 엄마와 영민이 엄마가 듣고 같이 눈물을 흘린 것 같아 보였습니다. 성당에서 매주 만나는 커피집 사장님도 눈물을 보이십니다. 그런데 저는 왜 울어야 하는지 솔직히 잘 모르겠습니다. 제가 발달장애인이라고 합니다. 자폐성이 있다고 합니다. 지능도 좀 낮다고 합니다. 그런데 왜 엄마들은 제 얘기를 해도, 영민이 얘기를 해도, 진영이 얘기를 해도 우는지 모르겠습니다.

요즘 엄마는 바쁘십니다. 항상 바쁜 건 맞습니다. 동네 할머니 집에 일하러 가시기 때문입니다. 오전에 가셨다가 점심때 좀 지나서 옵니다. 두 번 정도 엄마와 함께 가본 적이 있습니다. 할머니는 누워서 생활하십니다. 엄마는 물을 받아다 수건으로 얼굴을 닦습니다. 손도 닦습니다. 옷도 갈아입힙니다. 쌀을 씻어 밥을 하십니다. 제가 도와주고 싶었는데 엄마는 하지 말라고 하십니다. 지난번에는 할머니를 씻겨야 해서, 옮기는 것을 도와줬습니다. 할머니 몸이 작지만 엄마 혼자 옮기는 게 힘들어 보였습니다. 엄마는 일주일에 손가락으로 네 번 꼽을 정도는 할머니 집에 가십니다.

이번엔 엄마가 저를 대학에 보낸다고 하십니다. 복지관에 갔다가 팸플릿을 갖고 오셨습니다. "○○대학에서 정시1차 발달장애 신입생 모집"이라는 글자가 보입니다. 사회복지사, 발달행정보조사, 동료상담사 자격을 취득할 수 있다고 쓰여 있습니다. 사회복지사는 복지관 선생님들과 같은 일을 하는 건가 봅니다. 다른 일들은 잘 모르겠습니다. 교수님 추천만 있으면 대학에 들어갈 수 있다고 엄마는 기뻐하십니다. 학교가 어디 있냐고 물어봤더니 지방에 있다고 합니다. 아마 기숙사에서 지내야 할 것 같다고 하십니다.

대학에 가는 게 좋은가요? 저는 지금 바리스타 교육을 받고 있는 게 즐겁습니다. 매니저님이 친절하게 가르쳐주십니다. 사람들 몇 명하고 '안녕하세요' 인사도 합니다. 같이 밥도 먹습니다. 혼자 집에서 카페까지 다닐 수 있습니다. 집에 혼자 있을 때 좋았습니다. 지금도 좋습니다. 쉬는 날은 복지관에 가서 영민이랑 진영이를 만날 수 있습니다. 영민이랑 진영이는 중고등학교를 함께 지냈습니다. 진영이는 저보다 장애가 심하다고 합니다. 사람을 때리거나 욕하거나 하진 않습니다. 저처럼 진영이도 혼잣말을 많이 합니다. 우리가 좀 이상하게 보이나 봅니다. 집중하는 일이 진영이랑 저는 다릅니다. 저는 커피 만드는 것처럼 만드는 일을 좋아합니다. 정리정돈도 엄마보다 잘합니다.

엄마는 제가 바리스타보다 대학생이 되기를 바라는 것 같습니다. 어제는 발달장애인 재활복지대학을 설립하겠다고 말한 국회의원도 있다고 말했습니다. 엄마는 "엄마가 죽으면 어떻게 살 거니?" 하고 자주 묻습니다. 혼자 사는 준비가 필요하다고 자주 말합니다. 대학 공부를 하면 사회성도 좋아지고 좋은 직장에 취업할 수 있다고 합니다. 같은 또래 여자친구를 만날 수 있다고 합니다. 결혼할 수 있다고 합니다. 이런 말을 듣고 조금 설렜습니다.

카페에 오는 손님 중 귀여운 여자 분이 있습니다. 여자 가수 그룹 멤버를 닮았습니다. 제가 주문받고 싶어 하는데 매니저님이 말렸습니다. 엄마도 알고 계십니다. 꼭 그 사람은 아니어도 대학에 가면 여자친구를 만날 수 있다고 저한테 희망을 주십니다. 엄마는 다음 주에 신청서를 갖고 온다고 합니다. 복지관 선생님, 학습지원센터 선생님과 상담을 마쳤다고 합니다. 진영이와 영민이 엄마도 같이 고민한다고 합니다. 친구들과 함께 신청서를 내는 게 좋겠다고 말씀하셨습니다. 저는 아직 결정하지 않았습니다.

관심학생이 배려쌤에게
발달장애를 묻습니다

배 려 쌤: 이번에는 발달장애에 대해 알아볼 거예요. 발달장애는 인간의 발달단계에 따른 통상적인 발달이 나타나지 않거나 크게 지연되면서 장애가 나타나고 그로 인해 일상생활이나 사회생활에 상당한 제약을 받게 되는 경우를 말해요. 앞에서 말했듯 발달장애는 지적장애(정신지체장애)와 자폐성장애로 구분돼요.

관심학생: 지적장애는 머리가 나쁘다는 말인가요?

배 려 쌤: 지능이 떨어져 일상생활에 장애를 겪는 사람들을 말해요. 특수교육지능법에서는 지능검사 결과가 IQ 75 이하이면 지적장애로 보고 있어요.

관심학생: 지능이 떨어지는 게 어떤 특별한 이유가 있나요?

배 려 쌤: 염색체 이상이나 약물남용, 뇌 손상, 납중독, 조산 등 다양한 원인에서 발생한다고 알려져 있어요. 하지만 정확한 원인을 짚어내기는 어려워서 상당 부분 '원인을 알 수

없음'으로 진료 기록돼요.

관심학생: 지적장애나 자폐성장애 모두 혼자서는 일상생활을 하기 힘든가요?

배 려 쌤: 아무래도 그렇죠. 지적장애는 지능이 떨어지다 보니 누군가의 도움이 필요하고, 자폐성장애는 소아기자폐증, 비전형적 자폐증으로 언어, 신체표현, 자기조절, 사회적 적응 기능 및 능력에 장애가 있기 때문에 일상생활이나 사회생활에 어려움을 겪는 경우가 많아요. 다른 사람의 도움이 꼭 필요하지요.

관심학생: 자폐성장애의 대표적인 특징이 궁금해요.

배 려 쌤: '다른 사람과의 의사소통'이 대표적이라 볼 수 있어요. '자폐(自閉)'라는 용어에서 그 의미가 전달될 거예요. 자기만의 내면 세계에 틀어박혀 있는 상태이지요. 자폐성장애인은 현실 세계와 동떨어진 사고를 하고 똑같은 행동을 반복적으로 보여요. 이런 증상들로 인해 대인관계의 어려움이 발생하는 거지요. 어떤 말이 오간다고 해도 그것을 대화라고 보기는 어렵기 때문에 의사소통의 질적 결함이 있다고 정신건강 관련 전문가들은 평가해요. 자폐성장애의 경우는 3세 이전에 이런 증상이 나타나 장애로 진단받아요.

관심학생: 자폐성장애를 가진 사람은 일반학교에 다닐 수 없을 것 같아요. 현실 세계와 동떨어지고, 대화도 안 되고, 이상한 행동을 반복하는 학생이 한 반에 있으면, 수업이 진행되지 않을 것 같거든요. 지적장애도 수업에 어려움이 있긴 마찬가지일 것 같고요.

배려 쌤: 아무래도 많은 어려움이 따르죠. 장애 자녀가 일반학교에 다니기를 소원하는 부모의 경우 일반학교 특수학급에서 공부시키는 경우가 많아요. 여기서 '공부'란 교과목이나 입시 중심의 일반학생 대상의 정규 과정과 좀 다른 내용이 편성돼요. 기본 숫자 개념 익히기와 사회적 상호작용에 필요한 교육들이 주를 이루죠.

관심학생: 자폐성장애가 있으면 또래 친구를 사귀기도 어려울 것 같아요.

배려 쌤: 맞아요. 자기만의 세계에 틀어박혀 있어서 상황에 맞는 판단을 하기가 어렵고, 사회적 상호 작용에 필요한 기능들을 수행하는 데도 문제가 따르니까요. 예를 들면 쇼핑할 때 "이거 얼마예요?" "좀 더 큰 사이즈가 있을까요?" "다른 색깔은 없나요?" "가격표를 확인할 수 없는데요?" 같은 말을 점원에게 하면서 자기한테 맞는 스타일과 옷을 찾잖아요. 자폐성장애가 있으며 이런 질문과 응답에

어려움이 있어요. 이들은 전화 사용에도 어려움이 있어서 또래 친구끼리 전화를 한다거나 카톡으로 일상의 자잘한 이야기를 나누면서 우정을 쌓는 일도 힘들어요. 친구를 사귈 수가 없는 거죠.

게다가 발달장애인의 90퍼센트 이상이 금전 개념, 금전 관리에 어려움이 있다고 보고되고 있어요. 의식주를 살피고 확인해줄 수 있는 보호자가 관계의 1차적 대상이고 전부이기도 해요. 발달장애 자녀를 둔 부모들의 간절한 소원은 '우리 아이보다 하루를 더 사는 거'라고 해요. 발달장애는 회복이나 호전 이런 상태를 기대하기 어렵기 때문이에요.

관심학생: 외출할 때도 항상 보호자가 동행해야 하는 거예요?

배 려 쌤: 그렇다고 볼 수 있어요. 그 보호자는 대부분 부모 중 한 사람인 경우가 많지요. 앞에서 시각장애를 공부할 때 말한 적이 있는데, 외출 시 활동보조인과 동반해요. 활동보조인은 정부에서 지원하는 인력으로 개인이 활동보조인의 도움을 받을 수 있는 시간은 1일 4시간으로 제한적이에요. 나머지 시간은 자부담인데, 보통 이동을 하게 되면 대중교통 이용 시간만 2시간이 넘기 때문에 자부담해야 하는 시간과 비용이 늘어나는 경우가 많아요.

장애의 중증 정도에 따라 차이는 있지만, 자폐성장애인뿐만 아니라 지적장애인도 마찬가지로 공중화장실을 스스로 찾아가기가 힘들어요. 누군가에게 물어보거나 스마트폰 앱으로 검색해보면 되겠지 싶지만 발달장애인들은 그런 사회적 기능이 어려워요. 그래서 많은 경우 부모가 주요 돌봄 제공자이자 보호자가 되어 동행하게 되죠.

관심학생: 지적장애나 자폐성장애인도 성인이 되면 취업하나요?

배려 쌤: 지적장애나 자폐성장애를 발달장애로 지칭해서 설명할게요. 발달장애인은 다른 장애 영역처럼 일반학교 특수학급 또는 발달장애인 특수학교에 다녀요. 어느 쪽이든 공교육의 교육 서비스를 받는 거지요. 그런데 문제는 졸업 이후예요.

복지 관점에서 발달장애인의 성인기에 대한 복지서비스 계획 및 서비스 제공이 핵심 문제예요. 관심학생은 청소년기에 학교생활을 거쳐 성인이 되면 대학생으로서 대학생활을 꿈꾸잖아요. 가정과 학교를 넘어선 좀 더 넓은 사회와 세상을 경험하는 거지요. 그런데 발달장애인은 사회 진입이 아닌 다시 집으로 가요. 이들이 진입할 수 있는 '사회'가 없어요.

관심학생: '진입할 수 있는 사회가 없다'라니…… 어떤 의미인지 좀

더 자세히 설명해주세요.

배 려 쌤: 발달장애 당사자와 그 부모들은 일상적 삶에서 '사회적 포용'을 체감할 수 없다는 말이에요. 이상하지요. 교육부, 보건복지부, 고용노동부, 여성가족부, 건설교통부를 비롯해 모든 정부 부처가 '더불어 삶', '사회적 포용' 같은 가치를 추구하고, 이런 비전을 향해 계획을 수립하고 예산을 편성하는데, 장애 당사자와 그 가족들은 사회의 벽을 느껴요. 어찌 된 일일까요?

관심학생: 회사에서 발달장애인을 뽑지 않아서 일자리가 없어서인가요?

배 려 쌤: 아예 없지는 않지만, 발달장애인에게 일자리를 주는 곳은 한정되어 있어요. 발달장애인 취업률은 12퍼센트 정도예요. 일반 기업에서는 사회공헌 차원에서 성인 발달장애인이 단순노동을 할 수 있는 일자리를 제공하고 있어요. 이 자리는 정부의 장애인 고용 촉진 때문에 마련된 것이에요. 장애인을 고용하면 정부에서 기업에 보조금을 지급하거든요. 보조금이 장애 직원에게 지급할 수 있는 최소 임금액 정도는 되어서 기업은 별 손해가 없는 셈이지요.

근래에는 성인 발달장애인들만 채용한 사회적 기업이

많아졌어요. 발달장애인이 만든 쿠키, 커피, 공산품 등을 공공기관과 기업에서 우선 구매하는 유통체계를 갖춰가고 있고요.

또 발달장애인은 보호작업장과 같은 직업재활시설에서 일하고 기본적인 수당을 받기도 해요. 보호작업장은 성인이 된 발달장애인들이 모여서 일하는 곳이에요. '보호'라는 용어에서 발달장애인에게 1차적 복지서비스가 안전 확보라는 것을 알 수 있지요. 이들에게 일감을 주는 업체들이 있고, 발달장애인이 제작한 물품의 우선 구매를 법적으로 권장하고 있어요.

이처럼 성인 발달장애인들은 정규교육을 받은 후 취업 형태는 다르더라도 일을 하고 있어요. 물론 이는 소수에 불과해요. 여전히 많은 발달장애인이 고등학교를 졸업하고 가정에서 그냥 지내요. 그렇게 사회적 기능은 다시 감퇴하지요.

관심학생: 그런데 발달장애인이 꼭 취업해야 할까요? 보호자가 있다면 일하지 않고 살아도 편하고 좋을 수 있잖아요. 정부 보조금도 있고요. 왜 취업이 필요한지 갑자기 궁금해졌어요.

배 려 쌤: 좋은 질문이에요. 발달장애인에게 일이 왜 필요할까요?

발달장애인에게 일할 수 있는 기회를 제공하는 근본적인 목적은, 일을 매개로 사회적 상호작용을 할 수 있는 기능이 더 퇴화하지 않도록 예방하고, 현재의 사회적 상호 작용기능을 유지하거나 나아지게 하고 경제적 자립을 갖도록 하는 데 있어요.

이러한 목적을 달성하기 위해 예를 들어 바리스타 자격증 취득 같은 훈련 과정을 마련하는 거지요. 공공에서 마련한 카페가 아니라 일반 카페에서도 일할 수 있도록요. 이때 훈련을 지도하는 사람이 필요해요. 발달장애인이 카페에 취업해서 손님들과의 대면 없이 커피를 만드는 바리스타로 일할지, 손님의 주문을 받고 계산까지 할 수 있는 종사자로 일할지 등을 판단하여 역할을 배정하고 감독할 수 있는 매니저가 필요하지요. 이 사람은 당연히 발달장애의 특성을 잘 이해하고 있어야 해요. 그리고 카페에서 함께 일하는 비장애 바리스타나 직원 들이 있다면 이들 또한 발달장애 특성에 대한 이해가 필요하겠고요.

관심학생: 발달장애인이 일하는 카페가 있다면 응원 차원에서라도 매일매일 가고 싶어요. 그런데 발달장애인이 주문을 받는 게 가능할까요? 주문하러 온 손님도 당황할 것 같고요.

배 려 쌤: 발달장애 상태가 중증이냐 경증이냐에 따라 사회적 상호 작용 정도에 차이가 있지만 불가능한 건 아니에요. 지능이 IQ 70 정도라도 몇 가지 음료 주문을 받고 계산을 할 수 있어요. 다만 그 속도가 늦을 수 있어요. 그럴 땐 기다려주는 미덕이 필요한 거죠.

이번엔 상황을 바꿔서 관심학생이 카페 계산대에서 주문을 받고 있다고 생각해보죠. 손님으로 발달장애인과 보호자가 왔어요. 어떻게 해야 할까요?

관심학생: 글쎄요…… 천천히 응대하고 친절하게 안내하면 되지 않을까요? 그리고…… 아, 보호자가 발달장애인을 돌보느라 정신이 없을 수 있으니, 음료를 직접 가져다주면 어떨까요?

배 려 쌤: 좋은 생각이지만, 상황에 따라 안 좋을 수도 있어요. 지능이 낮은 발달장애인의 경우 보호자들이 사회성 훈련을 위해 카페에 데리고 방문하기도 해요. 지적장애인에게 직접 주문할 수 있도록 기회를 제공하고, 주문한 음료가 얼마인지 알고, 주문 후 확인하고, 음료가 만들어질 때까지 기다리고, 음료 완성 벨이 울리면 직접 가져오기까지 연습하도록 하는 거지요. 거기서 끝이 아니에요. 음료를 마신 후 컵을 반납하기까지의 전 과정이 사회

성 훈련이라고 볼 수 있어요.

이런 경우에는 카페 직원이 음료를 가져다주는 게 훈련을 방해하는 일이 될 수 있어요. 그래서 주문을 받을 때 장애 당사자나 동행한 보호자에게 "주문한 음료를 가져다드릴까요?"라고 물으며 선택하도록 할 필요가 있어요. 이것이 장애인의 자기결정권 존중을 실천하는 거고요.

관심학생: 아, 그렇겠네요. 설명을 듣다 보니 제가 할 수 있는 일들이 막 어렵거나 불가능한 일이 아닌 것 같아요. 겁먹지 말아야겠어요.

배 려 쌤: 관심학생이라면 잘할 수 있을 거예요. 자, 이번에는 발달장애인의 결혼에 관해 이야기를 나눠볼까요?

관심학생: 발달장애인이 결혼을 한다고요? 결혼을 해도 되는 걸까요?

배 려 쌤: 관심학생의 반응처럼 많은 이들이 발달장애인의 결혼을 자연스럽게 받아들이지 못해요. 이는 발달장애인 자녀를 둔 부모들도 마찬가지예요. 그들의 60퍼센트 이상이, 발달장애인은 생활능력이 없고 가정을 꾸려나갈 수 없기 때문에 결혼을 반대하는 견해를 갖고 있어요.

다른 한편으로는 부모가 발달장애 자녀보다 하루 더 산다는 보장이 없으니까, 자신들이 죽은 후 발달장애 자녀를 돌봐줄 사람이 있기를 간절히 바라며 어떻게든 가정을 꾸리면 그 문제가 해소될 거라고 기대해요. 하지만 결혼 이후의 부부생활, 가사일, 자녀 출산과 양육 이런 문제들이 산더미처럼 예측되기 때문에 결혼과 결혼 반대의 양가감정이 있는 거지요.

관심학생: 저라도 걱정될 것 같아요. 고민을 할 수밖에 없어요. 한편으로는 결혼을 하든 안 하든 발달장애인이 잘 살아갈 수 있도록 사회복지 시스템을 구축하는 게 중요하겠다는 생각도 들어요.

배 려 쌤: 그렇죠. 맞는 말이에요. 발달장애 지원에 대해 가족이나 전문가들이 이야기할 때 평생교육을 말해요. 전 생애에 대한 지원계획을 세우는 게 중요하다는 거죠. 일반적인 생애주기를 따져볼 때 사람은 아동기-청소년기-청년기-중장년기-노년기를 거치면서 발달단계에 따라 전환 위기를 경험해요. 태어나서 청소년기까지는 미성년자이기 때문에 가정이나 학교라는 제도적 돌봄 아래 있어요. 기본적인 안전이 확보되는 거지요. 문제는 19세 이후 성인기의 긴 삶이에요. 스스로를 보호하고 자립해서 생활해야 하는 시기지요.

성인기 발달장애인에게도 이와 같은 사회적 기대는 다르지 않아요. 하지만 발달장애 특성상 자기보호와 자립생활에 어려움이 있어요. 그래서 이 위기를 잘 넘어가기 위해 사회적 '전환 서비스' 지원이 중요한 거예요.

관심학생: 사회적 '전환 서비스' 지원이요?

배 려 쌤: 우선, 발달장애인이 청소년기에서 성인기로의 전환을 잘 준비하기 위한 성교육이 필요해요. 그래야 의도치 않은 성폭력이나 가정폭력의 피해자 또는 가해자가 되지 않을 수 있어요. 남성과 여성에 대한 기본적인 '성'을 이해하게 하고, 다음 단계로 성이 다른 이성과 관계를 형성하는 데 필요한 대인관계, 의사소통 훈련이 더해져야 해요.

그리고 발달장애인이 결혼해서 가정을 꾸린 후 자녀를 출산했다면 양육 문제가 주요 이슈일 거예요. 자신을 돌보기도 어려운데 자녀를 어떻게 양육할 것인가? 발달장애 당사자뿐만 아니라 부모와 형제자매를 포함한 확대가족들도 함께 참여해야겠지요. 성년 후견인으로 선정된 사람도 여기에 힘을 더해야겠고요.

그리고 참고로, 많은 발달장애인이 평생에 걸쳐 정부로부터 복지 지원을 받아요. 복지 지원은 프로그램과 같은 서비스 형태도 있지만, 현금 급여 형태로도 지급되고 있어요. 성년이 된 발달장애인이라면 당사자의 계좌로 복지지원금이 입금돼요. 물론 이 돈은 장애 당사자가 직접 관리하는 게 마땅하고요. 하지만 발달장애 당사자의 의사결정능력이 충분하지 않으면 보호자가 대신 계좌를 관리하거나 성년 후견인을 선임하여 관리가 이루어지고 있어요. 이런 경우 발달장애 당사자의 권리가 침해되지 않고 보조금이 오용되지 않도록 공공부문인 지방자치단체(시청, 구청, 주민센터)의 담당 공무원이 감독해야 할 의무가 있고요.

관심학생: 발달장애인이 자립해서 살아간다는 게 아무런 도움 없이 혼자서 살아간다는 의미는 아니군요.

배 려 쌤: 그렇죠. 발달장애인이 아니더라도 사람은 누구나 혼자서 살아갈 수는 없어요. 지역사회 차원에서 이웃에 발달장애 가족이 살고 있다면, 그 가족의 예기치 않은 위험에도 안전망이 될 수 있어야 해요. 어쩌면 발달장애인을 위해 온 마을이 필요한지도 모르겠어요. 무엇보다 장애 가족이 자신들이 사는 지역사회에 안전하게 포용되어 있다고 느낄 수 있도록 한다면 좋겠죠.

관심학생: 개개인의 노력은 물론, 지역사회나 국가 차원에서도 많은 노력과 지원이 필요하겠어요. 저도 어서 성인이 되어서 장애 지원 복지 시스템에 한몫하고 싶어요!

PART 6

나는
신장장애인입니다

신장장애 공부

몸의 내부 장기인 신장의 기능에 문제가 생기면 신장장애라고 한다. 투석이나 이식을 하는 사람이 여기에 속한다. 이는 장애인복지법에 명시된 장애 유형 중 하나다. 관심학생과 배려쌤의 대화는 신장기능, 신장장애의 치료 방법 중 복막투석과 혈액투석에 관해 자세히 설명하는 한편, 신장이식 사례를 통해 가족 간 이식, 지인 간 이식, 뇌사자 이식 시 발생하는 갈등 그리고 윤리적 문제를 생각해볼 수 있도록 안내한다. 신장장애인과 그 가족을 직접 인터뷰하여 소개한 사례들을 통해 이식 후 후유증 관리, 사회적응, 비용에 대한 사회적 지원 확대의 필요성을 함께 제기할 수 있기를 바란다.

신장(콩팥)은 어느 날 갑자기 나빠지지 않습니다. 서서히 망가지고, 그다음엔 재생이 불가능합니다. 그래서 혈액투석을 받아야 하거나 다른 사람의 신장을 이식받아야 합니다. 신장이 나빠지는 이유는 다양합니다. 특히 당뇨병의 위험성이 강조되고 있습니다. 혈당 조절이 안 되면 노폐물이 동맥에 쌓이고 피의 흐름에 문제가 생깁니다. 신장에도 작은 혈관들이 연결되어 피가 흐르는데 미세한 혈관들에 혈류가 제한되면 신장기능에도 문제가 생기는 겁니다. 신장기능이 저하되면 혈액세포 생성이 어려워 조혈제를 복용해야 합니다. 제가 그런 사례의 환자이고 장애인입니다.

신장장애인은 겉으로 드러나지 않습니다. 사람들 관심 밖에 놓여 있습니다. 인공적으로 혈액 속 노폐물을 제거하는 투석이 필요합니다. 신장질환이 발견된 이후의 삶은 혈액투석을 하며 지내야 하고, 그렇게 생을 마감해야 합니다. 회사에서는 눈치를 보지 않고 편안하게 투석할 수 있도록 배려가 필요합니다. 문제는 회사가 탄력근무제로 투석할 시간을 허용해줘도 지역에 인공투석을 할 병원이 없어 원정 투석을 다녀야 하는 사람들도 있습니다. 저도 일주일에 3회 투석을 해야 하는데, 매주 이렇게 지방에서 서울로 오가는 게 힘들었습니다. 저 때문에 아내가 늦은 나이에 운전을 배워 저를 태우고 다녔습니다. 아내도 지치고 저도 지쳤습니다. 신장투석한 지 거의 10년이 됩니다. 회사에서는 정년이 얼마 남지 않았기 때문에 그만두라는 소리를 못했습니다. 일주일에 세 번(각 4시간) 병원을 가고, 투석하고 집에 돌아와 충분히 쉬고 회복되어야 하는데 그러지 못한 다음 날이 점점 늘고 있습니다. 출근하지 못하는 횟수가 증가하였습니다. 설비 예약을 한 가정에 방문하지 못해 소비자 민원이 증가하니 저도 회사에 손해를 입히고 미안해서 조기 은퇴를 결정하였습니다. 이제 나이 60인데 앞으로 살아가는 동안 계속 일주일에 몇 번씩 서울을 오가야 하고, 아내도 지쳐가고 있었습니다. 고향 근처 땅을 팔고 돈을 모아 우리 가족은 지방에서 서울로 이사를 결정했습니다.

가장이기 때문에 서울에 이사 와서 새로운 직장을 구해야 했습니다. 중증 신장질환의 경우 투석을 하면 무거운 물건은 팔목에 무리가 갈 수 있어서 들면 안 됩니다. 몸에 갑작스럽게 힘을 주다가 투석하는 부분에 닿지 않도록 스킨십도 주의해야 합니다. 항상 수분과 식사 조절이 필요합니다. 이런 상황을 고려하면서 혈액투석을 할 수 있도록 시간 배려를 해주는 직장을 구하기 쉽지 않습니다. 시간제 일자리는 너무 낮은 임금이라 아르바이트 수입에 미치지 못했습니다. 부인과 자식들과 상의한 끝에 자영업밖에 방법이 없다는 결정을 내렸습니다. 전철로 가는 골목과 학교로 가는 골목이 맞닿은 곳에 분식집을 냈습니다. 아내가 떡볶이와 오뎅 국물을 만들고, 튀김은 완제품을 납품받아 팔기로 했습니다. 가맹점은 비용 부담이 있어 아내의 손맛을 믿고 시작했는데, 초심자의 운인지 가게에 오는 손님도 늘고 수입도 늘었습니다.

행복은 아주 잠깐이구나, 방심했구나 생각이 들었습니다. 돈을 버는 데 집중하다 보니, 1년 내내 쉬는 날 없이 아내와 저는 가게를 열고 일을 했습니다. 손님이 오니 점점 일하는 시간도 늘었습니다. 투석을 일주일에 3번에서 2번 가는 주도 있었습니다. 투석하고 나서 충분히 쉬어야 하는데 혼자 일하는 아내가 안쓰러워 바로 가게로 나가 일을 도왔습니다. 쉼이 없으니 회복도 없고, 신장기능이 급격히 떨어졌습니다. 1년 동안 벌어들인 돈은 재입원과 치료비로 나갔습니다. 주치의 선생님을 통해 신장이식신청을 등록했고, 입원해서 이식해줄 누가 나타나기를 하염없이 기다렸습니다.

비싼 입원료, 치료비 때문에 아내는 낮에 가게에서 일하고, 밤에는 병원에서 저를 간호했습니다. 장애등록을 했지만 집도 있고 가게도 전세지만 운영하고 있어서 의료복지지원 대상이 아니었습니다. 입원 기간이 길어진다는 것은 신장기능이 더욱 악화되고 있다는 증거였고, 돈을 버는 것보다 쓰는 게 더 커지고 있다는 이야기입니다. 가족들은 이대로 제가 퇴원하지 못할까봐 불안해했습니다. 감사한 일은 큰 애가 공부를 열심히 해서 어려운 시기인데 직장에 턱 붙었습니다. 작은 애는 경제적 부담을 줄이기 위해 군대에 갔다 와서 대학을 마친다고 했습니다. 군대 가기 전에 휴학하고 엄마 일을 돕겠다고 나섰습니다.

어느 날 아내 얼굴에 침울함이 가득했습니다. 제 옆에 장기 입원해 있던 할아버지가 세상을 떠났기 때문입니다. 신장이식을 받지 못했고, 혈액투석을 20년 정도 하셨는데 새벽녘에 숨을 거두셨습니다. 아내는 걱정이 이만저만이 아닌 듯싶어 보였습니다. 아내와 아들들이 검사를 했는데 이식 적합성의 문제가 있었습니다. 방법이 없습니다. 누군가 공여를 해줘야 합니다. 사망자가 생겨야 제가 이식을 받을 수 있습니다. 누군가의 선한 마음, 누군가의 희생으로 공여가 이루어집니다. 사망한 누군가의 가족의 슬픔을 딛고 신장이식을 받는 것입니다. 제게 그런 기적 같은 일이 일어나기를 간절히 기도할 뿐이지, 이식해주지 않는 누군가를 원망할 수 없습니다. 이대로 죽는다고 해도 세상을 원망할 수 없습니다. 다만 10년간 고생시킨 아내와 한창 공부할 나이였던 아들들에게 미안할 뿐입니다.

아내가 상기된 얼굴로 병실에 돌아왔습니다. 기적 같은 일이 일어났다고 했습니다. 신장이식을 받을 수 있게 되었다고 합니다. 공여자와 그 가족께 감사하고 또 감사합니다. 저뿐만 아니라 우리 가족을 살리신 겁니다. 죽음 앞에서 삶의 자리로 오게 되었습니다.

관심학생이 배려쌤에게
신장장애를 묻습니다

배 려 쌤: 이번에는 신장장애에 관해 공부할 거예요. 신장장애란 무엇일까요? 무슨 장애인지 이름에서부터 감이 딱 오지요?

관심학생: 신장에 문제가 있는 거지요?

배 려 쌤: 맞아요. 신장장애인은 우리 몸의 내부 장기인 신장의 기능에 문제가 생겨 혈액투석이나 복막투석을 지속적으로 받아야 하는 사람들을 말해요. 신장기능에 문제가 있으니 일상생활에도 제약을 받게 되고요. 관심학생이 생각하기에, 어떤 제약들이 있을 것 같나요?

관심학생: 그게…… 잘 모르겠어요. 신장은 우리 몸에서 어떤 기능을 하나요? 그걸 알면 알 수 있을 것도 같은데…….

배 려 쌤: 자, 핸드폰을 들고 화면을 터치해봐요. 자주 쓰는 검색엔진 열어서 '신장'을 찾아보세요. 검색 결과가 뭐라고 나왔는지 한번 읽어볼래요?

관심학생: 네이버에서 '신장'을 치니까 '콩팥'이라고 검색 결과가 보

이네요. 같은 말인가봐요. 우리 몸에 신장은 두 개가 있
대요. 크기가 주먹만 하다고 하네요. 오, 제 생각보다 꽤
크네요.

배 려 쌤: 우리 몸에서 신장은 혈액 내 노폐물을 걸러서 소변으로
배출하는 기능을 해요. 몸의 수분량이나 산성도를 유지
하고, 빈혈을 조절하고 혈압을 유지하는 데 중요한 인슐
린 같은 호르몬과 적혈구를 생산하고 활성화시키죠. 자,
그럼, 신장에 이상이 생기면 어떻게 될까요?

관심학생: 노폐물이 배출되지 않고 몸속에 쌓이겠어요. 혹시, 피가
오염되나요?

배 려 쌤: 맞아요. 소변으로 노폐물이 빠져나가지 않으니 몸이 붓
기도 하고, 얼굴빛이 까맣게 변하기도 해요. 자주 피곤하
고 수면의 질이 떨어지는 증상도 있죠. 그렇게 건강에 적
신호가 켜지는 거지요. 말했듯이 신장장애가 있는 사람
은 혈액투석이나 복막투석을 지속적으로 받아야 해요.
또 다른 치료 방법은 타인의 신장을 이식받는 거고요.

관심학생: 음…… 투석을 한다는 게 뭔가요?

배 려 쌤: 투석은 혈액에 쌓인 노폐물을 제거하는 것을 말해요. 투
석 방법에는 두 가지가 있는데, 혈액투석과 복막투석이
에요. 복막투석은 환자의 복막에 특수 제작된 삽입관을

넣고 투석액을 주입해서 체내에 쌓인 노폐물과 과도한 수분을 제거하는 방법이에요. 월 1회 정도 실시하니까 학교생활이나 직장생활을 별 무리 없이 유지할 수 있어요.

다만 외부에서 복강으로 투석액을 주입하기 위해 가는 관(복막투석도관)을 복강에 삽입해두어야 해요. 그래서 불편함이 있고 복막염이 생길 수 있어요.

관심학생: 복막투석도관을 늘 몸에 달고 다녀야 하다니…… 샤워나 수영을 해도 되나요?

배 려 쌤: 수영이나 목욕탕에 몸을 담그고 있으면 안 돼요. 하지만 간단한 샤워는 가능해요.

관심학생: 일상생활이 생각보다 불편하겠어요. 그럼 혈액투석은 어떤가요?

배 려 쌤: 혈액투석은 환자의 동맥혈관을 통해 혈액을 뽑아 혈액 투석기로 돌리고, 인공신장기를 통과시켜 혈액 내 노폐물과 과량의 수분을 배설시켜요. 그리고 그렇게 정화한 혈액을 환자의 정맥혈관을 통해 몸속으로 들여보내죠.

관심학생: 아…… 물을 정수시키는 것과 같은 원리 같아요.

배 려 쌤: 그렇지요. 탁해진 혈액을 정화해 깨끗한 혈액으로 살아가도록 하는 거지요.

관심학생: 그런데 많이 아프지 않을까요? 몸에 있는 피가 밖으로

나갔다 들어와야 하잖아요. 기분도 이상할 것 같아요.

배 려 쌤: 아무래도 고통이 없을 순 없어요. 병원에도 자주 가야 하고요. 혈액투석을 하려면 일주일에 2~3회 병원에 가야 해요. 게다가 혈액투석 효과를 유지해야 해서 식이 조절이나 염분 조절 같은 식습관 관리를 평생 엄격하게 해야 하고요.

　　무엇보다 한 번 투석할 때마다 4~5시간이 걸리다 보니 극도로 피로하고 신체 손실을 많이 느끼게 돼요. 직장인이라면 일주일에 한두 번씩 정기적으로 시간을 빼야 하는데, 그렇게 배려해줄 수 있는 회사가 많진 않겠죠.

관심학생: 차라리 신장이식을 하는 게 낫겠어요.

배 려 쌤: 신장이식은 다른 사람이 신장을 공여해줘야 가능해요. 좋은 방법이긴 하지만 공여자를 찾기가 쉽지 않죠.

관심학생: '공여'가 신장을 주는 걸 말하는 건가요?

배 려 쌤: 그렇지요. '공여자'는 신장을 제공하는 사람, '수여자' 또는 '수혜자'는 신장을 이식받는 사람을 말해요. 무엇보다 신장이식은 생명윤리와 직결되기 때문에, 장기이식 공여자와 수여자 간의 이해관계를 엄격하게 검토해요.

　　우선, 장기이식수술을 받는 모든 환자는 국가로부터 장기이식 승인을 받아야 해요. 그리고 장기기증자는 병원

내 장기이식관리센터(Korean Network for Organ Sharing: KONOS)의 코디네이터로부터 '장기기증 순수성 평가'를 받아야 하고요. 보통 살아 있는 사람(생체이식)이나 뇌사자로부터 장기를 기증받기 때문에, 장기매매 같은 불법적이고 인간의 존엄성을 상실하게 만드는 문제를 방지하기 위해 장기기증 순수성 평가가 이루어지는 거예요.

관심학생: 드라마에서 보니까, 가족끼리 서로 신장을 이식해주려 애쓰는 가족이 있는가 하면, 이식을 꺼리고 서로 미루기 바쁜 가족들도 있더라고요.

배 려 쌤: 신장이식은 공여자나 수여자나 전신마취를 하는 큰 수술이다 보니, 공여 과정에 위험이 전혀 없다고는 할 수 없어요. 가족이 아니더라도 누구나 주저할 수 있고, 그 마음 상태를 비난할 수는 없어요. 일반적으로 의료진은 1차 공여자로 가족을 고려해요. 부모나 형제간에는 DNA가 일치하는 부분이 있어서 이식받은 후 거부반응을 줄일 수 있다는 기대 때문이죠.

　상담 사례 중에 아버지가 신장질환을 앓고 있는 어떤 가족이 있었어요. 가족 중 부인은 부적합하고, 딸과 아들은 적합성으로 나왔어요. 그런데 부모는 자녀에게 공여자가 되어달라고 쉽게 말하지 못해요. 딸은 이제 스물

두 살이고, 아들은 고2 학생이니 앞으로 자녀들 삶에 어떤 건강상의 위험이 닥칠지 예측할 수 없잖아요. 부모 입장에는 자신의 건강 악화도 걱정이지만, 자녀의 앞날이 더 걱정인 거예요.

관심학생: 아픈 아버지는 가족들에게 굉장히 미안할 것 같아요. 어머니는 자기 신장을 아버지에게 주지 못해 안타깝겠고요.

배 려 쌤: 아무래도 그렇겠죠. 이 가족의 경우 어머니는 딸에게 공여하라고 말할 수 없다고 하더군요. 딸이 결혼하면 임신과 출산을 할 수도 있기 때문이에요. 혹시 출산할 때 제왕절개를 하면 어떻게 하냐고 걱정이었어요. 신장을 공여하려면 어쨌든 배 부분을 절개해야 하는데, 나중에 출산할 때 또 배를 갈라야 하니 엄마로서 여간 걱정이 아닌 거죠.

관심학생: 그러게요. 게다가 아들은 아직 미성년자이니……. 이도저도 결정할 수 없는 어려운 상황이겠어요. 혹시 다른 공여 적합자는 없을까요?

배 려 쌤: 아버지에게 누나가 두 명 있는데 다들 나이가 많아서 공여가 힘든 상황이에요.

관심학생: 정말 안타깝네요. 가능한 한 빨리 결정을 해야 할 것 같은데……, 그냥 어머니가 자녀 중 누구로 할지 결정하면

되지 않을까요?

배 려 쌤: 자녀가 미성년자이든 성인이든 부모라고 해서 자녀에게 공여를 강요할 수는 없어요. 자녀의 자기결정권을 존중해야 해요. 그래서 병원 내 장기이식관리센터의 코디네이터가 철저히 공여와 수여 과정을 점검하는 거기도 하고요.

관심학생: 혹시 이 문제로 가족 간에 불화가 생기고 그러진 않았나요?

배 려 쌤: 이 가족의 경우 다행히 부모와 자식 간에 대화가 잘 이루어지고 있었어요. 가족회의를 두 번 정도 했다고 하고요. 단지, 조금 더 시간이 필요하다고 하네요.

관심학생: 어느 방향이든 잘 결정되어서 아버지가 건강을 되찾으시면 좋겠어요. 아, 그런데, 저 같은 학생 중에도 신장장애인이 있는지 궁금해요.

배 려 쌤: 2022년 장애통계연보에 따르면, 신장장애인 현황은 10만 2,135명으로 보고되었고 매년 증가하는 추세예요. 이 중 19세 미만 아동·청소년이 251명, 대략 0.2퍼센트 정도 돼요.

관심학생: 저 같은 청소년기에도 신장장애를 가질 수 있군요. 또래 친구가 신장장애로 고생할 걸 생각하니 마음이 왠지 더 안 좋네요. 쉽게 피로하니 공부에 집중하거나 학원에 다

니기도 어렵겠어요. 학교생활을 하다 보면 생활기록부 관리 때문에 이것저것 많은 활동을 해야 하는데 신체 건강이 따라주지 않으니까 그 또한 어려울 것 같고요.

배 려 쌤: 관심학생의 말처럼 신장장애로 인한 어려움이 많아요. 신장장애가 장애인복지법에서 등록장애 영역에 포함된 까닭도 신장에 이상이 생기면 영구적으로 일상생활의 모든 영역에 손상과 장애를 경험하기 때문이에요.

그리고 장애 당사자뿐 아니라 함께 사는 가족구성원도 생활의 어려움을 겪게 되죠. 신장장애인이 혈액투석이나 복막투석을 해야 하니까 늘 건강을 염려하게 되고, 함께 식사를 해야 하니 식단 조절은 필수지요. 마음껏 피자를 시켜 먹을 수 없고, 단짠 완제품을 먹고 싶은 욕구도 자제해야 해요. 무엇보다 장애 당사자가 신장이식을 한 경우라면, 이식된 장기가 몸에 적응하는 과정이 사람마다 다르기 때문에 거부반응을 확인하며 쭉 지켜봐야 하는 가족들은 불안과 염려의 마음으로 살아갈 수밖에 없어요. 혹시라도 이식 거부반응이 장기화되면 더 문제겠죠. 고통 속에서 또 다른 신장을 공여해줄 기증자나 뇌사자를 하염없이 기다려야 할 수도 있어요.

관심학생: 어떤 경우라도 신장질환 관리가 정말 중요하겠어요. 생

명이 왔다 갔다 하니까요. 신장장애인을 위해 제가 할 수 있는 일은 무엇일까요?

배 려 쌤: 미성년자인 관심학생이 마음대로 신장기증을 신청하는 것은 무리가 있겠지요. 대신 함께 실천해볼 수 있는 것들이 있어요. 신장장애가 있는 가족구성원이나 친구와 식사할 때 맛있다고 무리하게 단짠 음식을 권하지 않는 거예요. 또 치료 상황에 따라 다르겠지만, 투석 중이라면 수영하기를 제안하거나 장난으로 물에 빠트리는 행위는 곤란해요. 평소 친구끼리 무심코 행하는 장난식의 몸짓들도 피로감을 더할 수 있으니 주의해야 하고요.

만약 신장 공여자를 기다리는 환자라면 공여자가 나타나지 않으면 어떻게 하지? 이식 후라면, 거부반응이 생기면 어떻게 하나? 재발하지 않을까? 하는 불안과 초조감이 가득할 텐데요. 이때 무엇보다 환자 스스로 터놓고 마음을 표현할 수 있는 친구나 가족원이 되어주는 게 중요해요.

관심학생: 네, 주의해서 잘 기억해야겠어요. 아, 그럼, 혹시 신장장애가 발생하기 전에 예방하는 방법도 있을까요? 예방이 최고잖아요.

배 려 쌤: 그렇죠. 예방을 할 수 있다면 제일 좋을 거예요. 신장질

환은 당뇨나 고혈압의 합병증으로 나타나는 경우가 많아요. 그리고 소변이 방광에 오래 고여 있으면 신우신염이 생기고, 압력으로 소변이 신장에 고이면 요독증이 생겨 신장질환이 발생하기도 하고요.

관심학생: 그럼…… 당뇨 예방을 위한 식습관을 지키는 것이 중요하겠군요. 그리고 고혈압은 비만과 연관되어 있다고 들었어요. 살을 빼야 할까요?

배 려 쌤: 자기 몸에 맞는 체중을 유지하는 게 좋아요. 아무래도 당이 높은 음식을 많이 먹으면 비만이 될 가능성이 크겠지요. 당이 높은 음식을 먹더라도 운동을 하면 건강 유지에 도움이 돼요. 하지만 관심학생처럼 요즘 청소년들은 급식과 편의점 간편식을 주로 먹고, 집-학교-학원-집의 도돌이표 생활을 하느라 운동할 여유가 없으니 건강을 확신하기 어려워요. 의식적으로라도 음식에 신경을 쓰고 규칙적인 운동을 하며 몸을 돌보는 게 최선의 예방법일 거예요.

관심학생: 아하, 식습관, 체중 관리가 중요한 키워드네요. 아무리 공부하느라 바빠도 밥 잘 챙겨 먹고, 운동도 하라는 말씀이지요?

배 려 쌤: 맞아요. 관심학생이 신장건강의 핵심어를 잘 기억했으니,

이제 남은 과제는 꾸준히 실천하는 거예요. 이번 시간에
배운 신장장애에 대한 내용도 잘 기억해주면 좋겠고요.

관심학생: 네, 배려쌤! 두 마리 토끼를 모두 잡아보겠어요!

PART 7

나는 시청각
중복장애인입니다

시각·청각 중복장애 공부

보는 감각과 듣는 감각 모두에 장애를 경험하는 사람을 시청각 중복장애인이라고 한다. '과연 살아갈 수 있을까?' 하는 질문이 자연스럽게 떠오를지 모른다. 하지만 놀랍게도 사람은 극한 장애 상황에서도 삶을 살아간다. 시청각 중복장애 당사자의 자립생활에 귀를 기울이며 무엇이 원동력이 되었을지 생각해보고, 사람이 참으로 가능성을 추구하고 실현하는 아름다운 존재임을 재발견할 수 있기를 바란다. 또한 관심학생과 배려쌤의 대화를 통해 이중감각 장애인이 어떻게 다른 사람과 소통하고 생활하는지, 중복장애인을 지원하는 기관의 역할과 기능, 과학기술 발달의 방향성에 대해서도 함께 고민해보자.

시각장애로 15년을 살았습니다. 청각장애가 더해져 중복장애인이 되었습니다. 보이지 않는 세상에 듣지 못하는 세상까지 찾아왔습니다. 가장 큰 어려움이 뭐냐? 이런 질문보다는 보고 듣지 못하는 세상을 사는 게 의미가 있냐? 이런 질문을 더 많이 받고 있습니다. 그런데 막상 살아온 날을 돌아보면, 어린 시절 글자를 처음 배우던 날이 떠오릅니다.

글자를 처음 배운 날, 선생님은 제 손을 잡은 채 제 손가락 끝으로 문자를 그려가도록 안내했습니다. "이것은 'ㄱ' 이것은 'ㄴ'이야. 자음이라고 해. 이것은 'ㅏ' 이것은 'ㅓ'야. 모음이라고 해. 자음과 모음이 만나서 하나의 글자가 돼. 너의 이름도 이렇게 만들어지고 쓰여." 저는 한글을 배웠습니다. 그런데 글자를 쓰지 못합니다. 사람들은 이해할 수 없다고 생각합니다. 한글을 배웠는데 어떻게 글씨를 쓰지 못하지? 궁금해합니다.

만약 제가 중도시각장애인이었다면 장애가 있기 전 글자를 보고 쓰고 소리내 읽으면서 배웠을 겁니다. 그 기억들이 시각장애가 된 후에도 남아 있어 글을 안다, 글을 쓴다가 가능할 것입니다. 하지만 저는 말이 틔기 전에 이미 시각장애가 있었습니다. 글의 형태를 손끝으로 배웠으나 그게 글이 되는지 확신할 수 없습니다. 손끝으로 배운 글을 연필이나 볼펜으로 직접 써본 기억이 거의 없습니다. 손끝으로 배운 대로 제 이름을 써봅니다. '김' '신'. 이걸 본 사람

들은 글씨라고 생각하지 않았습니다.

은행에서 계좌를 열려고 해도 사인을 해야 합니다. 식당이나 가게에서 5만 원 이상 카드를 써도 사인을 해줘야 합니다. 누군가 나 대신 사인을 하는 건 잘못된 일이지요. 그런데 저는 제 머릿속에 ㄱ ㅣ ㅁ ㅅ ㅣ ㄴ 자음과 모음의 위치가 아름답고 완벽한 글씨로 떠오르지만 그대로 쓰이지 않는다는 것을 다른 사람의 피드백으로 알게 되었습니다. 그 후부터 손글씨를 쓰지 않습니다. 다른 방식을 선택했습니다.

점자로 한글을 익히고 사용하고 있습니다. 점자 자판으로 글을 쓰면 한글로 변환되기 때문에 메일을 전송할 수 있습니다. 비장애인과 좀 다른 방식으로 한글을 알고 있는 겁니다. 경험적 지식은 오디오북과 점자도서, 선생님들의 음성 강의로 축적하였습니다. 저는 문해력이 있는 사람입니다. 제가 청각장애가 되기 전까지는 음성 중심 대화나 공부가 가능했다는 점을 말씀드리고 싶습니다. 시각장애만 있을 때는 들어서 배우고 소통할 수 있다는 점에 괜찮다 하면서 지냈습니다. 그런데 청각까지 청각이 닫혀버리니까 암담해졌습니다. 소통이 하나둘 끊겨버리게 된 것이니까요. 그때 점자가 세상과 저를 연결할 수 있는 통로가 되었습니다.

시청각 중복장애인의 삶은 고등학교를 졸업할 즈음 시작되었습니다. 세상에 나가야 하는데 이만저만 걱정이 아니었습니다. 긴 시간 동안 부모님은 저의 자립생활을 준비하였습니다. 그래서 특수학교 근처로 이사하시고, 저는 혼자서 집과 학교를 이동하는 연습도 반복하였습니다. 졸업 후에는 독립생활도 가능하다는 기대감이 있었고, 저도 그러고 싶었습니다. 그런데 시청각 중복장애가 되니 부모님은 저의 독립생활을 반대하였습니다. 시각장애 상태에서는 소리감각이 민감해서 이동편의를 도왔는데 청각장애가 생기니 위험을 감지하거나 대비할 수 없다는 걱정이 생겼기 때문입니다. 하지만 저는 부모님과 저의 원래 계획대로 독립생활을 선언했습니다.

독립생활한 지 10년이 되어갑니다. 처음 독립생활을 시작했을 때 부모님이 집과 지하철 가까운 곳에 원룸 전세를 구해주셨습니다. 엘리베이터 이용이 가능한 3층에 살았습니다. 일반 전세보다 엘리베이터 있는 건물이 훨씬 비싸다는 것을 처음 알게 되었습니다. 10평도 안 되는 공간이라고 했지만, 저에게는 가구 위치와 동선을 익히는 데 오랜 훈련이 필요했습니다. 그때는 장애등급제가 있어서 1급 중증 시청각 중복장애인이라 활동보조인 지원을 신청했습니다. 활동보조인의 역할은 대부분 저의 안전한 이동을 도와주는 것이었습니다. 부모님 말고 그분이 저의 독립생활 공간에 들어오는 유일한 사람이었습니다. 외출했다 오면 옷을 챙겨두는 습관을 갖지 못했고, 외출하기 전에 어떤 옷을 입을까 고민하기 때문에 입었던 옷과 입지 않은 옷들이 뒤엉켜 여기저기 놓인 상태였습니다. 그분이 보시기에 세상 심란하셨는지 집 안 청소와 정리를 해주셨습니다. 이건 시각장애인이 살아가는 어려움의 일면이기도 합니다.

시청각 중복장애인의 삶에 어떤 어려움이 있는지 사람들은 궁금해합니다. 혼자 살고 있는 저와 부모님이 어떻게 소통하는지, 누가 집을 찾아오면 초인종을 눌러도 듣지 못해서 모를 텐데 어떻게 하지, 이런 일상의 의문들이 생기는 것이지요. 부모님과는 주로 문자 소통을 합니다. 그리고 시청각 중복장애는 촉각이 발달되었습니다. 누가 문을 두드리면 진동으로 느끼는 겁니다. 하지만 생활이 쉽진 않습니다. 일상의 미세하고 소소한 일들이 다 장애로 다가오기 때문에 매일의 삶이 시청각 중복장애인으로서 살아남기 위한 도전입니다.

제가 하는 일이 이와 관련 있습니다. 저는 저와 같은 시청각장애인의 독립생활을 돕는 전환 서비스를 지원하는 센터에서 일하고 있습니다. 저의 자립생활 도전기가 곧 저의 직업인 셈입니다. 함께 일하는 사람들은 대부분 비장애인입니다. 한국에서는 시청각 중복장애인의 수가 적고, 사회적 관심도 부족한 현실입니다. 시청각장애는 시각장애나 청각장애와는 전혀 다른 장애임에도 장애인복지법의 장애등록에서 별도의 장애 유형으로 분류하고 있지 않습니다.

저는 주로 이전에 알았던 시각장애인 네트워크 안에서 교류하고 있습니다. 청각장애인과 소통하려면 촉수어를 배워야 한다고 하는데 아직 익히진 못했습니다.

**관심학생이 배려쌤에게
시각·청각 중복장애를 묻습니다**

배 려 쌤: 이번에는 시청각 중복장애를 공부할 거예요. 중복장애
가 뭘까요?

관심학생: 중복장애는 말 그대로, 한 사람에게 두 가지 장애가 모두
있는 경우를 말하는 것 같아요.

배 려 쌤: 맞아요. 중복장애는 청각장애 + 발달장애, 청각장애 +
뇌병변장애, 시각장애 + 지적장애 등 다양한 형태를 보
여요. 그럼, 시청각 중복장애는 뭘까요? 바로, 시각장애
와 청각장애가 함께 있는 장애겠죠. 시청각장애라고 줄
여 말하기도 해요.

관심학생: 보는 감각과 듣는 감각에 모두 장애가 있으면, 듣지 못하
고 보지 못하는데, 어떻게 살아가죠? 친구를 사귀기도
어렵고 가족들과 대화하기도 어려울 것 같은데…….

배 려 쌤: 그래요. 먼저 떠오르는 어려움이 '소통'이겠지요. 들리지
않으니 음성언어인 말로 대화를 나누는 데 장애가 있어

요. 보이지 않으니 수어로도 대화가 불가능하고요.

관심학생: 그럼 어떻게 해요?

배 려 쌤: 장애 상태에 따라 촉수어, 손가락점자 등을 사용할 수 있어요. 시청각장애인을 위한 의사소통 프로그램도 있고요.

관심학생: 촉수어가 뭐예요? 손가락점자는요?

배 려 쌤: 촉수어는 손가락 마디에 자음과 모음의 부위를 정해두고, 이 부위를 손으로 만져서 의사소통을 하는 거예요. 어둠 속에서도 서로 대화가 가능한 수어죠. 그리고 손가락점자는 양손의 검지, 중지, 약지에 점자의 점을 대응시켜 의사소통하는 방법이고요.

시청각장애인과 청각장애인의 대화, 시청각장애인과 시각장애인의 대화, 시청각장애인과 비장애인의 대화 등, 장애 상황에 따라 전문가가 동원되거나 의사소통 프로그램을 활용하기도 해요.

예를 들어 시청각장애인과 비장애인의 대화는 이런 식으로 이루어져요. '시각장애 + 청각장애'(시각장애 상태에서 후천적으로 청각장애 발생)의 경우 제1언어로 음성언어를 사용하는 장애 당사자가 음성언어로 말하면 촉수어나 손가락점자로 통역돼요. 상대방의 말은 촉수어 전문 통역사나 손가락점자단말기로 전달받을 수 있어요. '청각장애 + 시각장애'(청각장애 상태에서 후천적으로 시각장애 발생)의 경우는 제1언어로 수어를 사용하는 장애 당사자가 수어로 말하면 음성언어로 전환되어 통역돼요. 상대방의 수어는 음성언어나 촉수어로 전환되는 프로그램을 사용하고요.

관심학생: 아…… 생각보다 대화 과정이 어렵고 복잡하네요. 일상에서 나누는 대화조차 이렇게 힘들면, 시청각장애인들이 교육받기도 정말 어려울 것 같아요.

배 려 쌤: 시청각 중복장애인은 다른 장애 유형에 비해 그 수가 적어요. 장애인복지법 등록장애 유형에 포함되어 있지 않고요. 그래서 특수교육 대상이나 취약계층으로 선정하여 교육하기가 더 쉽지 않죠. 이런 문제점을 해소하기 위해 서울시에서는 시청각장애인학습지원센터를 설립해 운영하고 있어요.

교재는 비장애인 학생이 공부하는 일반 교재를 점자도서나 영상도서로 맞춤 제작해 보급하고 있고, 전국의 청소년들이 애청하는 EBS 프로그램도 화면 해설을 제공하고 있어요. 정기 교과과정만으로는 충분한 학습권을 누릴 수 없기 때문에 방과 후 학습지도가 무척 필요한 상황이고요.

교육도 교육이지만, 시청각장애가 장애 당사자들의 삶에 어떤 영향을 미치고 있나부터 깊이 이해할 필요가 있어요. 장애 당사자의 가족에게 질문한 적이 있어요. "시각장애와 청각장애가 한꺼번에 닥쳐온다면 어떨 것 같아요?" 이런 대답이 돌아왔어요. "그렇게 사느니 그냥 죽는 게 나아." 관심학생은 어떨 것 같나요?

관심학생: 세상과 단절이잖아요. 시각장애도 그렇고, 청각장애도 그렇고. 세상과 단절된 상태가 극에 달한 상황이라…… 살아가는 즐거움이 없을 것 같아요. 감이 딱 오지는 않지만 가능한 것들이 하나도 없을 것 같거든요. 집에 갇혀 지내야 할 것 같고요.

배려쌤: 어릴 때야 누군가의 도움으로 생활하지만, 성인이 되면 혼자서 무언가를 해나가야 하잖아요. 예를 들어 시청각장애인이 혼자서 밥을 할 수 있을까요? 우선, 자신이 생활하는 공간에서 밥통 위치, 싱크대 위치, 쌀이 어디 있는지 알아야 하죠. 쌀을 씻고 밥통에 넣고 전기 콘센트를 꽂아야 해요. 그리고 '취사' 버튼도 눌러야 해요. 이 모든 과정을 반복 훈련으로 익히는 수밖에 없어요.

관심학생: 보통 밥솥의 취사 버튼을 누르면 "취사를 시작합니다"라는 말이 나오잖아요. 밥통에 취사 상태가 뜨고요. 시청

각장애인은 듣지 못하고 보지 못하는데 제대로 취사가 시작되었는지 어떻게 알아요?

배 려 쌤: '밥하기' 반복 훈련은 사회기술 훈련에 속해요. 취사 버튼을 누른 후 취사가 시작되었을 때 밥통에 손을 올려 진동으로 확인할 수 있어요. 시각장애인은 듣는 감각이 발달하고, 청각장애인은 보는 감각이 발달해요. 두 감각 장애의 공통점은 진동감각, 즉 촉감각에 민감하다는 점이에요. 그러니까 시각장애인들이 색을 경험해볼 수 있도록 촉감을 더하여 경험을 제공하고, 청각장애인들이 음악을 향유할 수 있도록 진동음악 경험을 제공하지요.

관심학생: 놀라워요. 진동으로 확인할 수 있다니. 시청각장애가 되면 다른 사람 도움 없이 가능한 일이 하나도 없다고 생각했는데……

배 려 쌤: 시청각장애인이 다른 사람의 도움 없이 살아가기는 참 힘든 게 사실이에요. 우리가 그들의 힘듦을 가늠하기도 어렵고요. 그럼에도 스스로 삶을 이어가는 게 중요하죠. 그래서 시청각장애 당사자의 자립생활 준비가 필요한 거예요. 거기에 사회로부터의 전환 서비스가 도움을 보태고 있고요.

관심학생: 전환 서비스가 뭐예요?

배 려 쌤: 삶의 발달단계가 있잖아요. 관심학생의 경우 어린이집과 유치원 다닐 때, 초등학교, 중고등학교, 여기까지는 미성년자이지요. 19세 이상이 되면 성인기이고, 대학생활과 직장을 다니는 사회인, 결혼과 자녀 출산, 은퇴하고 노년기에 이르게 돼요. 고등학교에서 대학교로 전환, 대학에서 직장인으로 전환, 이런 시기를 전환 시기라고 해요. 전환 시기에는 새로운 사회적 역할이 기대되고, 그 과업들을 성취해나가야 해요.

시청각장애인들도 마찬가지예요. 다른 사람의 도움으로 살아왔던 아동·청소년기를 지나 성인기가 되었을 때, 다른 사람의 도움을 일정 부분 수용하더라도 자립생활이 가능하도록 훈련이 필요해요. 이것을 전환 서비스라고 이해하면 되겠어요.

관심학생: 그런데 독립하고 싶어도 장애 때문에 세상이 두렵고 무섭지 않을까요? 어렸을 때부터 부모님이나 활동보조인의 도움으로 살아왔잖아요. 성인이 되었다고 처음부터 혼자 생활하는 건 무리일 것 같은데, 어떻게 자립 훈련을 하지요?

배 려 쌤: 가족과 함께 사는 집에서부터 하나씩 연습을 해볼 수 있어요. 자취를 통해 연습해보는 방법도 있고요. 처음엔 유사 장애인들과 코디네이터와 공동생활가정에서 살아

보는 것도 괜찮아요. 다세대주택 같은 곳을 빌려 장애인들끼리 스스로 장도 보고, 밥도 해 먹고, 설거지하고, 화장실 청소도 하고, 관리비도 내보고, 쓰레기 분리수거도 해보고, 세탁기 작동법을 배워 빨래하고 널고, 말려서 개는 일까지 해보는 거지요.

장애가 없는 사람들 입장에서는 이게 무슨 의미가 있는가 싶겠지만, 보고 들어본 적 없는 시청각장애인에게는 일상생활을 스스로 해보는 일 자체가 아주 중요한 도전이에요. 이런 도전들을 거쳐 자립생활을 할 수 있는 거죠.

관심학생: 살면서 양치질하고, 밥 먹고, 똥 싸고 하는 일상적 일을 중요하게 여기지 않았어요. 시청각장애인에게 이런 사소하고 일상적 일들이 도전으로 다가올 수 있다고 생각하니 놀랍기도 하고 반성도 하게 돼요. 또 다른 자립 훈련도 있나요?

배려 쌤: 그럼요. 한 단계 더 나가면, 시청각장애인이 취업해서 스스로 돈을 벌어 살아보는 일이에요. 비장애인도 취업하기 쉽지 않은 시기이지만 누구나 일하고 싶어 해요. 시청각장애인도 마찬가지고요. 미국에서는 시청각장애인이 지역사회에서 일하고 살면서 더 나은 삶의 질을 보장받을 수 있는 환경을 제공하도록 하는 헬렌켈러센터가 설

립되어 운영되고 있어요.

관심학생: 헬렌 켈러요? 위인전에서 들어본 것 같은데……

배 려 쌤: 헬렌 켈러는 어렸을 때 뇌척수막염에 걸린 후 시각장애
와 청각장애를 가지게 되었어요. 세상과의 소통이 어려
운 상황에 부닥쳤죠. 하지만 그녀를 이끌어주는 좋은 선
생님을 만났고, 그녀 자신도 열심히 노력해서 작가이자
사회운동가가 될 수 있었어요. 그렇게 오늘날 많은 이들
에게 본보기가 되고 있죠. 그녀의 업적을 기리며 그녀의
이름을 딴 복지센터가 바로 헬렌켈러센터예요.

관심학생: 아, 그렇군요. 그런데 우리나라는 시청각장애가 등록장
애에 포함되어 있지 않다고 했잖아요. 일할 수 있을 거란
기대도 없는 게 아닐까요?

배 려 쌤: 사람들은 '장애'를 떠올릴 때 '불가능하다'는 연관어를
생각하기 마련이지요. 장애는 '어려움'을 동반하는 게 사
실이에요. 하지만 그것이 불가능이라는 결론에 이르는
것은 아니에요. 생각을 전환시켜볼까요? '장애'가 있다.
무엇이 '가능할까?'라는 질문으로 사유를 시작하면 달라
져요.

관심학생: 무엇이 가능할까라……, 잘 떠오르지 않아요.

배 려 쌤: 시청각장애인이 일할 수 있는 것들은 무엇일까? 이런 질

문으로 시작해보면, 단순 조립 같은 일들은 얼마든지 가능하지요. 이들은 지능에 문제가 있는 게 아니에요. 그렇다면 촉감각이 발달한 사람이 할 수 있는 제품 오류를 잡는 일도 가능하겠지요.

시청각장애 당사자로서 새로운 의사소통 보조기기 개발자가 될 수도 있어요. 특히 말하는 AI가 발달할수록 이들이 하는 일의 영역도 확장돼요. 말로 코딩 명령을 내리거나 점자단말기자판을 통해 코딩 명령을 내릴 수 있어요. 물론 이런 기술이 미진하다면 개발을 위한 연구진으로 참여하는 것도 가능하겠고요.

관심학생: 과학기술의 발달이 시청각장애인에게 기회를 줄 수 있다는 말씀이군요.

배 려 쌤: 그렇지요. 물론, 시청각장애 당사자가 해당 분야에서 일할 수 있도록 기초교육이 먼저 이루어져야지요. 현재 한국의 시청각장애인을 위한 특수교육기관은 매우 제한적이에요. 시청각장애인을 위한 학습지원센터도 10개소 미만이고, 지방에서 서울로 이사와야 이런 서비스도 받을 수 있는 실정이에요. 아직 갈 길이 멀지요.

관심학생: 한국에서 대표적인 기관이나 센터를 소개해주세요.

배 려 쌤: 한국에도 헬렌켈러센터가 있어요. 시청각장애인을 위한

맞춤형 서비스를 제공하기 위해 여러 사업을 하고 있어요. 아동들을 위해 촉감놀이치료나 인지음악치료를 실시해요. 촉감자극, 청력자극이 인지발달에 중요한 요소거든요. 의사소통에 필요한 점자교육, 촉수어교육도 이루어져요.

그리고 성인 시청각장애 당사자가 장애인식교육 전문가로 활동할 수 있도록 강사 훈련 과정을 진행하고 있어요. 시청각장애 당사자들은 중복장애라는 독특성을 경험하고 받아들이는 데 제법 힘이 들어요. 그래서 시청각 중복장애인 동료 상담가를 양성하여 이들의 장애 수용 및 자존감과 역량 강화를 함께할 수 있도록 해요. 자신의 장애가 곧 일이 되는 거지요. 이는 '장애 당사자주의'가 근간이고요.

관심학생: 장애 당사자주의요? 생소한 말이에요.

배 려 쌤: '장애인 문제는 장애 당사자가 전문가이다'라는 관점에서 장애인 복지 서비스를 시작해야 한다는 말이에요. 비장애 전문가 관점에서 서비스를 계획하고 제공하는 것이 아니라, 장애 당사자의 목소리에 귀 기울이고, 장애 당사자가 원하는 서비스 유형과 수요 방식으로 그들의 욕구 충족에 필요한 서비스를 제공해야 한다는 관점인 거죠.

관심학생과 함께하는 '장애 공부'도 이런 관점을 이해하는 과정이고요.

관심학생: 아하, 그렇군요. 장애 당사자의 목소리에 귀를 기울이고 그들의 입장에서 필요한 서비스를 제공한다가 포인트군요! 잘 기억해둬야겠어요!

PART 8

나는
노인장애인입니다

노화로 인한 장애 공부

건강히 오래 사는 삶을 추구하지만 나이가 들면 치매와 장애의 위협을 느낄 수밖에 없다. 나이가 들면서 자연스럽게 청각, 시각, 운동감각 등 신체외부기능이 저하되고, 숨 쉬고 소화하는 내부장기기능도 저하된다. 정신적으로는 우울증, 불안, 치매 증상이 나타나기도 한다. 그렇게 노화는 신체적 장애와 정신적 장애 모두를 수반할 수 있다. 그렇다면 어떻게 신체적 장애와 치매가 있는 노인을 돌볼 것인가? 가족 돌봄을 벗어나 사회적 돌봄 요구가 확대되고 있다. 기대수명이 늘면서 세대 간 이해와 상호 돌봄 및 상호 배려의 필요성 또한 제기되고 있다. 노인 치매 당사자의 인터뷰, 그리고 관심학생과 배려쌤의 대화를 통해 노년기 장애와 돌봄에 대해 생각해보자.

학생들은 노인이 될 거라는 상상을 하지 않을 것 같은데. 나이가 들면 장애가 뒤따르지. 그건 어쩔 수 없는 일이지. 올해 80인데. 작년 말 정기검진에서 조기 치매 진단을 받았어. 내가 자식들과 매일 전화하는 낙으로 살거든. 자식이 4명 있는데 하루에 몇 번 전화를 해. 막내가 자꾸 묻더라고. 왜 같은 말을 하고 또 하느냐고. 전화하면 내 얘기하느라 바쁘거든. 쭉 얘기하다 질문이라도 해오면 질문이 무엇을 뜻하는지 얼른 들어오지 않아. 그러니까 주저하고 머뭇거리고 대답이 늦어지고. 애들 말 듣기보다는 내 말만 한다고, 애들이 바쁘다고 자꾸 전화를 끊으려고 해.

요즘 내가 좀 이상하다고 생각돼. 지난달에는 사람들과 노인정에서 점심을 함께 해 먹고 이런저런 이야기를 하다가, 갑자기 생각은 머리에 맴도는데 말이 안 나오고, 안면이 일그러지고, 오른쪽 팔이 안 움직였어. 오른쪽 다리 무릎 아래쪽이 힘없이 밖으로 휘어지는 거야. 내가 나한테 엄청 놀랐지. 이러다 드러눕는 건 아닌가 하고 두려운 거야. 사람들이 일그러진 내 얼굴과 오른쪽으로 쭉 마비되는 모습에 놀랐어. 거기 있던 할머니들이 달려들어 내 몸을 30분 정도 마사지하고 나서야 경직이 풀리는 거야. 아들 며느리와 일주일에 한 번씩 통화하면서도 이런 일들을 이야기하지 않았어. 자식들에게 짐이 되고 싶지 않거든. 그동안 잘 살았는데 말년에 며느리 눈치 보며 살고 싶지 않아. 딸이 있으나 사위 눈치 보기도 미안하고. 딸과도 일주일에 몇 번씩 통화해. 지난주에야 이야기를 했어. 딸이 아들들과 연락하더니 종합검진을 예약했고 1박 2일에 걸쳐 전신 검진을 받았어. 다른 데 이상은 없고 대장에서 용종이 발견됐어. 소화기내과 진료를 별도로 받고 시술해서 지금은 깨끗해.

문제는 뇌가 늙어서 뇌혈관이 좁아지고 변형이 생겨 치매 증상이 있다고 해. 오른쪽으로 편마비 증상이 그래서 나타났고. 전부터 디스크가 있었거든. 한쪽으로 몸이 휘어져 있어. 다리로 연결되는 신경이 눌려 걷는 게 점점 어려워지고 있어. 늙으니까 뇌혈관을 타고 허리를 지나 다리까지 말썽이야. 이번 달부터 몸이 말을 안 들어. 몸을 짚고 일어나, 서기도 힘들거든. 허리가 90도는 굽어지는 것 같고 끊어질 듯 아파서 그냥 앉아서 생활해. 허리에 힘이 없으니 대소변도 가리기 힘든 것 같아. 오줌도 지리고 어쩌다 바지에 똥도 싸. 그러고 싶어서 그런 게 아니야.

내가 오른쪽으로 편마비가 있잖아. 허리가 아파서 일어서거나 걷기도 힘들고. 앉아서 생활한단 말이야. 방에서 화장실까지 집 안이니까 몇 걸음만 가면 되는데 일어나고, 걷고, 변기에 앉고 하는 데 한참 걸려. 소변 마렵다, 똥 마렵다 생각이 들어, 화장실에 가야겠다고 생각하는 찰나에 그냥 오줌이 줄줄 새는 거야. 하루에도 몇 번씩 속옷을 갈아입어. 나이 들면 밤에도 자주 소변이 마렵거든. 누웠다 일어나 화장실 갈 겨를도 없이 그냥 이불에 지리는 거야. 밤에도 속옷을 몇 번씩 갈아입어. 지난달에 손자 손녀가 집에 왔는데 할머니한테서 자꾸 냄새가 난다고 하는 거야. 이불에서도 냄새가 난다고 코를 막아. 나도 젊었을 때는 예쁘다 소리 많이 듣고, 옷도 다 양장점에서 맞춰 입었거든. 깔끔하고, 인기도 많고. 그런데 지금은 대소변도 못 가리는 늙은이가 되었어.

여기다 기억도 깜빡해서 사람 이름도 생각나지 않고. 지난달에는 손자 손녀도 잘 알아보지 못했다고 하더라고. 좀 전에 한 일도 기억나지 않아. 기억이 오락가락해. 오래 사는 게 무서워. 아들딸과 함께 살자고 말 못 하지. 누가 나를 돌보겠어. 아들딸에게 짐이 될까, 천덕꾸러기 취급받을까, 우리 애들이야 그렇지는 않겠지만 드라마를 보면 그렇잖아. 정신이 온전할 때 요양원에 내가 알아서 들어가야지. 몇 년 전부터 요양원 자원봉사를 가고 있어. 나 같은 늙은이들이, 그리고 나보다 나이 많은 노인들이 방마다 가득해. 누가 찾아오길 하나. 사람이 그리운 거지. 알아보지 못해도 가서 말 걸어주고, 손을 쓰다듬어주면 그렇게 좋아해. 나도 저렇게 될까 싶어.

요즘은 자식들이 부모를 돌보지 않잖아. 올해 들어 내가 그 꼴이 되게 생겼어. 지금도 봐봐. 일어서지 못하잖아. 이렇게 하염없이 앉아 있어. 이웃집에는 나와 비슷한 나이의 노부부가 살아. 거기도 아줌마가 못 움직여. 휠체어를 타고 다녀야 해. 그래도 남편이 있으니까 운신을 한단 말이지. 나는 자식들은 직장에 다니느라 바쁘니까 매일 찾아오는 사람도 없잖아. 집에 있어도 이게 요양원에 있는 거랑 매한가지지.

어디라도 가려면 택시를 불러야 해. 혼자서는 병원에 갈 수도 없어. 정신은 아직 있어서 요양등급이 낮게 나와서, 정부에서 주는 요양보호사를 쓸 수가 없어. 내가 돈을 주고 불러야 하는데 그게 다 자식들 주머니에서 나오니까 부르지 못하는 거지. 그냥 한쪽 다리를 끌고 이 방 저 방 다녀. 집 안에서는 내 볼일은 보면 되니까. 이렇게 생명줄만 길어지니까 문제지. 나이 들고, 몸을 가누지 못하는 장애가 생기고. 자식들 의지해야 하고. 거기다 치매까지. 지금 정신이 온전하니까 이런 푸념도 하지. 어떨 때 집에 있으면 돌아가신 시어머님이 옆에 있는 것 같아. 옆에서 내 어깨를 두드리는 것 같더라고. 그런 느낌이 들면 혼자서 깜짝 놀랄 때가 있어. 나를 데려가려고 이러시나 싶기도 하고. 점점 혼자 있는 게 무섭더라고. 이게 사는 건가 싶어.

시어머니는 내가 모셨는데 98세까지 사셨어. 나는 이제 80이니. 앞으로 이렇게 10년을 더 산다는 게 의미가 있을까 싶어. 사는 게 사는 게 아니야. 건강하다면 몸을 좀 움직일 수 있고, 걸을 수 있으면 앞으로 10년을 산들 무슨 문제겠어. 그렇지 않으니까, 괜히 자식들 부담 주고, 불효자 만들까 걱정이야. 산목숨이니 매끼 밥을 먹는 게 나도 신기해.

관심학생이 배려쌤에게
노화로 인한 장애를 묻습니다

배 려 쌤: 이번에는 노인장애에 대해 알아볼 거예요.

관심학생: 노인장애요? 그런 장애가 있는지 몰랐어요.

배 려 쌤: 낯설 수 있어요. 노화는 자연스러운 현상이라고 생각하
다 보니, 많은 노인들이 건강하게 나이 들면서 아프지 않
게 살다가 죽음에 이르기를 희망해요. 그런데 사람은 나이
가 들면서 아프지 않을 수 없잖아요. 젊었을 때와는 달리
신체적 장애나 정신적 장애를 경험하는 경우가 많고요.

관심학생: 장애를 진단할 만한 질환에는 어떤 것들이 있나요?

배 려 쌤: 노년기에 몇 가지 피할 수 없는 질환들이 있어요. 그중
하나가 노인성 우울증이에요. 우울은 정신장애에 속하
는 대표적인 정신적 장애지요. 나이가 들수록 가까운 사
람의 죽음을 더 많이 목도하게 되다 보니 상실감과 자기
연민 그리고 죽음에 대한 두려움이 밀려오죠. 노인은 우
울증이 신체적 질환과 공존하는 경우가 많고 자살 위험

성도 커서 더 문제가 되고요.

그리고 장애를 진단할 만한 대표적인 질환으로 치매
가 있어요. 치매는 신경인지장애로 신경질환과 인지질환
이 복합적으로 발생하는 거예요.

관심학생: 신경인지장애를 좀 더 쉽게 설명해주세요.

배 려 쌤: 노화에 따른 기억저하, 노화에 의한 인지기능저하 상태
를 말해요. 알츠하이머 치매, 뇌혈관성 치매, 파킨슨, 알
코올성 치매, 두부(머리) 외상에 의한 치매, AIDS에 의한
치매 등 매우 다양해요.

관심학생: 아…… 알츠하이머, 파킨슨은 TV 드라마에서 많이 들어
봤어요. 그런데 치매는 뇌의 활동에 문제가 생겨서 발생
하나요?

배 려 쌤: 그렇죠. 뇌신경 손상 때문에 발생하니까요. 그것이 유전
적인지 후천적인지 명확하지는 않지만, 의료 전문가들은
뇌 손상으로 인한 뇌의 위축과 퇴행이 일어나 치매 증상
을 보이는 것으로 설명하고 있어요.

관심학생: 드라마에서 보면 치매에 걸리면 물건을 어디에 두었는지
기억을 못 하더라고요. 길도 찾지 못하고요.

배 려 쌤: 맞아요. 알츠하이머 치매의 초기 증상이 기억력 장애예
요. 최근 기억부터 소멸되는 것이 특징이고요. 말이 입에

서 맴돌지만 정확한 단어를 대지 못해요. 상대방의 질문에 엉뚱한 대답을 하거나, 상태가 심각해지면 계속 반복적인 동작이나 공격성이 관찰돼요. 이쯤 되면, 자신이 어디에 있는지, 누구인지, 몇 시인지 구분하지 못해요.

관심학생: 아, 그러고 보니…… 친구가 한 말이 생각나요. 시골에 계신 할머니한테 전화하면 말이 바로 이어지는 게 아니라 멈칫하신다고 해요. 질문하면 딴소리를 하시기도 하고요. 그럴 때면 자기가 어떻게 해야 할지 모르겠다고 했어요. 부모님 말로는 할머니가 치매 증상이 있어서 그렇다고 했대요. 치매는 치료할 수 있나요? 치매 증상이 있을 땐 어떻게 해야 해요?

배 려 쌤: 무엇보다 치매는 조기 진단이 중요해요. 초기에 약물치료를 하면 치매 증상 악화를 늦출 수 있거든요. 만약 자신과 타인을 해칠 정도의 행동 증상이나 공격성으로 과한 치매 증상이 나타난다면, 안전하고 단순한 환경에서 생활할 수 있도록 환경을 재정비하는 게 필요하고요.

무엇보다 많은 치매 환자들이 삶에 흥미가 없고, 집중력이 저하되고, 무감동증이나 수면장애를 겪어요. 못 자고 못 먹고 하면서 우울증이 생기고요. 우울은 인지기능을 더욱 악화시키기 때문에 치매 환자의 약물치료에 항

우울치료제가 처방되기도 해요.

관심학생: 그런데 배려쌤, 드라마를 보면 할아버지나 할머니가 충격을 받았을 때 뒷목을 잡고 쓰러지잖아요. 그런 다음에 기억을 못 하고, 걷거나 말하지 못하는 모습이 자주 보이거든요. 그런 경우도 치매인가요?

배 려 쌤: 그건 뇌출혈 또는 뇌졸중이라고 하는데, 뇌의 작은 혈관이 막혀 뇌 구조가 파괴된 질환이에요. 이 질환은 고혈압, 당뇨병, 고지혈증 등이 원인으로 알려져 있어요. 특별한 자각증상 없이 진행되다가 어느 날 갑자기 뇌출혈과 뇌졸중으로 감각장애, 언어장애, 보행장애, 점진적인 인지장애를 갖게 되죠.

바로 발견되어 치료하면 건강한 삶을 살아갈 수 있어요. 하지만 갑자기 발생하여 치료 시기가 늦어지면 치매로 발전할 수 있어요. 이 경우 혈관성 치매라고 불러요. 혈관성 치매는 어떻게 보면 예방과 재발방지를 할 수 있는 정신적 장애이지요.

관심학생: 예방이나 재발방지를 한다는 것은 고지혈증, 고혈압과 당뇨 같은 질환에 걸리지 않도록 노력하는 거지요?

배 려 쌤: 맞아요. 혈관성 치매 자체를 치료하는 약물로 아스피린이 알려져 있어요. 피를 묽게 하여 좁아진 뇌혈관에 피

가 잘 흐르도록 하는 거지요. 고지혈증과 당뇨, 고혈압은 다른 질병을 유발하기 때문에 치료가 계속되어야 해요. 금연이나 금주, 가벼운 운동도 인지기능 회복에 도움이 되고요. 혈관성 치매 노인은 무엇보다 장애 증상에 대한 재활로 일상생활 수행능력 회복에 중점을 두는 게 중요해요.

관심학생: 등굣길에 아침 산책을 하는 동네 할아버지 부자를 본 적이 있어요. 할아버지가 지팡이를 짚고 아주 느리게 걷고 계셨는데, 왠지 한쪽 몸이 굳어 보였어요. 아들은 옆에서 보조를 맞춰 걸으며 지켜보고 있었고요.

배 려 쌤: 혈관성 치매 노인에게서는 편마비 모습을 확인할 수 있어요. 오른쪽이든 왼쪽이든 안면, 팔, 다리 기능에 장애를 보이거든요. 관심학생이 본 할아버지처럼 집에서 생활하며 가족의 도움을 받아 운동할 수 있을 정도면 일상 회복도 기대해볼 만해요.

그런데 매일 움직여 걷고 듣고 말하는 훈련을 하지 않으면, 몸의 근육이 빠져 와병 상태로 악화될 수 있어요. 인지기능도 급격히 저하될 위험이 있고요. 이러면 가족 내 생활이 힘들어지죠. 와병 상태는 가족 내 돌봄을 넘어서 전문가의 돌봄이 필요하거든요. 혈관성 치매가 정신적 장애라면, 와병 상태는 신체적 장애를 동반하게 된 상태예요.

관심학생: 점점 심각한 장애 상태가 되는 거군요. 치매 할아버지 할머니들은 그래도 가족의 돌봄을 바랄 것 같아요.

배 려 쌤: 가정 내 돌봄은 과거로부터 내려온 전통적 '효'의 실천에 많은 영향을 받고 있어요. 우리가 다 함께 생각해볼 주제지요. 집에서 치매 노인을 모실 경우 가족구성원 중 누군가는 늘 옆에서 돌봄을 제공해야 해요. 관심학생의 집에 3대가 함께 살아야 하는 상황이라고 가정해볼게요. 할아버지나 할머니 중 누군가 치매 진단을 받아 집에서 모셔야 한다면, 가족 중 누가 이 일을 할까요?

관심학생: 아마도 아빠는 직장에 나가시니까 집안일을 하는 엄마가 할머니를 돌봐야 하지 않을까요?

배 려 쌤: 대부분 그런 상황이지요. 우리나라는 돌봄이 필요한 노인의 70퍼센트 이상이 가정 내 돌봄을 받고 있어요. 1차적 돌봄제공자가 며느리, 2차적 돌봄제공자는 딸이나 결혼하지 않은 자녀라고 해요. 요즘은 자식들에게 부담 주기 싫어 노인 배우자가 직접 돌봄을 많이 하기도 해요. 그럼에도 여전히 성인 자녀들에게 돌봄 기대나 사회적 요구가 은연중에 부여되고 있어요. 관심학생 어머니가 치

매 할머니를 돌본다면 어머니의 하루, 한 달, 또는 1년의 삶이 어떨 것 같아요?

관심학생: 엄마는 아마도 24시간 쉴 틈이 없을 것 같아요…….

배 려 쌤: 돌봄을 제공하는 사람은 대부분 가사를 함께하지요. 배우자가 출근할 수 있도록 아침밥을 차리고, 관심학생과 같은 아들딸이 학교에 갈 수 있도록 밥을 차리고, 가족들의 옷가지를 정리해 빨래하고 다시 정리하고, 그리고 돌봐야 할 노부모의 삼시세끼를 별도로 차려야 하는 거예요.

그런데 치매 노인은 지나치게 많이 먹거나 식사를 거부하기도 해요. 돌보기가 쉽지 않죠. 게다가 치매 노인의 와병생활이 길어지면 식도가 좁아져 음식을 삼킬 수가 없어 유아식처럼 별도의 유동식을 만들어 드시도록 해야 해요. 씹는 활동이 적어지면 인지기능이 저하돼요. 적게 먹으면 변비에 걸려 직접 대변을 파내야 하기도 하고, 일정한 재활을 돕고 욕창이 생기지 않도록 2시간마다 몸을 가누어주기도 해야 해요.

일주일에 몇 번 목욕도 시켜야 해요. 노부모의 옷가지와 다른 가족들의 옷가지를 분리해서 빨래하고 정리해요. 무엇보다 밤에 충분히 수면해야 하는데 치매 노인의 수면장애는 돌봄제공자인 어머니의 숙면을 방해해요. 돌봄에 지치면 어머니와 아버지의 관계도 좋기 어렵지요. '효'를 실천하기 위해 어머니는 자기 삶을 내놓아야 해요. 관심학생의 어머니가 아니더라도, 미혼인 딸이나 아들에게 다른 기혼 형제들의 무언의 강요가 작용한다면, 그들의 삶은 돌봄의 시간으로 대체되겠지요.

관심학생: 아…… 말씀하신 모든 걸 엄마가 해야 한다고 생각하니, 고민이 깊어져요. 단순히 간호만 하면 되겠지 했는데, 그렇게 단순한 일이 아니었네요. 그러다 엄마가 과로로 쓰러지겠어요.

배 려 쌤: 돌봄제공자는 많은 경우 피로감에 시달려요. 다른 가족들이 도와주면 좋겠지만 남편은 직장일로 바쁘다고 하지요. 아침 7시에 출근해 저녁 8시 넘어서 퇴근하면 남편도 쉬어야 하잖아요. 학생인 자녀들은 공부하느라 바쁘다고 하지요. 할머니의 아들딸인 삼촌과 고모들은 각자 자기 일과 가정을 꾸려나가기 바쁘다고 한 달에 한 번 찾아올까 말까 하지요. 가족 중 어느 누구도 어머니의 힘든 삶을 덜어줄 사람이 없어요.

어머니는 돌봄을 하다 보니 손목 뼈마디가 쑤시고 허리가 휘어지고 있어요. 쉼 없는 돌봄의 반복은 정신적 피로감을 가중시켜요. 어머니에게도 우울증이 찾아와요.

'효'를 실천하다가 신체적 건강과 정신적 건강을 잃어버리게 되는 거예요. 그렇다고 '효'를 실천하지 말자는 말이 아니에요. '효'를 실천하는 행위 방식과 인식도 변화가 필요하다는 말이지요.

관심학생: 네, 무슨 말인지 알겠어요. 어머니 혼자서는 아무래도 힘들 것 같아요. 가족구성원 모두가 역할을 분담해야 할 것 같아요. 음, 그런데, 다른 가족들이 함께하기도 힘든 상황이라면 도우미를 구하면 어떨까요? 비용이 많이 들까요? 나라에서 지원해주진 않나요?

배 려 쌤: 관심학생의 말처럼, 가정 내 직접 돌봄을 하겠다면, 가족구성원 모두의 역할 분담이 꼭 필요해요. 그리고 사회적 돌봄 서비스를 이용할 수도 있어요. 치매 노인의 요양등급에 따라 요양보호전문가가 가정 방문하여 돌봄 서비스(재가돌봄 서비스)를 제공하는 거죠.

관심학생: 재가돌봄 서비스는 24시간 받을 수 있는 건가요?

배 려 쌤: 요양등급에 따라 달라요. 요양등급은 치매 노인의 돌봄이 필요한 정도를 말하는데, 요양등급이 중증일수록 국가가 지원하는 돌봄 서비스 시간이 길어져요. 최고 중증인 1등급을 받으면 전문 요양보호사가 내방하여 하루에 4시간 정도 돌봄 서비스를 받을 수 있지요. 하루 24시

간 중 4시간을 빼면 나머지 20시간은 여전히 가족들이 치매 노인을 돌봐야 할 시간이에요. 가족이 직접 돌볼 경우, 월 20시간 내에서 정부로부터 돌봄 비용을 지원받을 수 있어요. 다만, 돌봄을 수행하는 가족원은 요양보호사 자격증이 있어야 해요. 경제적 여유가 있으면 입주 요양보호사를 채용하기도 해요.

관심학생: 할머니를 요양원 같은 곳에서 지내도록 하면 어떨까요?

배 려 쌤: 시설 돌봄도 괜찮은 방법이에요. 시설 돌봄은 요양병원이나 요양원에서 치매 또는 와병 노인이 지내도록 하는 거예요. 장점이라면 가족들의 신체적·정신적 부담을 덜 수 있다는 거예요. 어머니가 쉴 수 있지요. 어찌 보면 치매 노인도 전문가의 돌봄으로 좀 더 편해질 수 있고요.

하지만 어려움도 있어요. 치매 노인이 집을 떠나면 가족으로부터 버려졌다고 느낄 수 있다는 점이에요. 인지 장애가 있더라도 정서적으로 버려진다고 느껴 우울감을 동반하게 되면 인지기능의 저하가 더 심각해질 수 있어요. 그리고 요양원이든 요양병원이든 적응이 필요해요. 거기에서도 재활 훈련을 추가하면 비용 부담을 해야 하고요.

관심학생: 그러게요. 요즘 요양원이나 요양병원 비용도 만만치 않다

고 들었어요.

배려쌤: 기본적인 비용은 국가에서 지원하고 있어요. 가족에게 지급되는 게 아니라 요양원이나 요양병원으로 지급되지요. 나머지 식사나 필요한 처방 또는 치료 및 재활 비용은 자부담이에요. 결국 총 돌봄 비용에서 국가부담만큼 자부담도 해야 하는 게 현실이에요.

　그런데 집 가까운 곳에 위치한 요양시설이 많지 않다는 문제도 있어요. 대도시에 위치한 요양시설은 비용이 훨씬 비싸지만 입소 인원이 차서 대기자 명단에 올리고 기다려야 해요. 인적이 드문 곳에 위치한 요양시설은 자리가 있어 상대적으로 편하게 입소할 수 있으나, 집에서 거리가 멀기 때문에 자녀들이 자주 방문하여 면회하기 어려워요. 요양 기간이 길어질수록 자식들은 개인 일정으로 방문 횟수가 줄기도 하고요. 그러면 입소해 있는 노인은 찾아오는 사람이 없으니 우울감이 높아지고 인지 기능이 더욱 저하되지요. 부가적인 문제가 불거질 수 있는 거죠.

관심학생: 만약 저희 할머니가 요양원에 계신다면, 한 달에 한 번이라도 정기적으로 찾아뵐 수 있을까? 지금으로선 자신이 없어요. 주중에는 학교와 학원을 오가야 하고, 집에서는

EBS 강의도 들어야 하니까요. 주말에는 봉사 활동도 다니거든요. 그래야 생기부 관리도 하니까요. 요양원 가는 게 뭐가 그렇게 어렵겠나 생각했는데, 막상 제 일이라 생각하니 더욱 어렵게 느껴지고, 할머니와 어머니께 죄송한 마음이 들기도 하네요.

그런데 가족들이 기관에서의 사회적 돌봄을 원해도 치매 노인이 가정 내에서 자녀로부터 직접 돌봄 받기를 더 선호할 수도 있을 것 같아요.

배 려 쌤: 그렇지도 않아요. 요즘 노인들은 스스로를 돌볼 수 없을 정도가 되면 자녀에게 돌봄 부담을 주기보다는 사회적 돌봄을 받는 게 낫다고 생각하는 경우도 많아요. 자식들을 힘들게 만들고 싶어 하지 않는 거죠. 생각해봐요. 부모가 80대이면 자식은 60대에 이르러 노년기를 준비해야 하거든요. 다음 세대 결혼도 시켜야 하고요. 부모 돌봄에 어려움이 많다는 걸 노인들도 잘 알고 있는 거죠.

관심학생: 그런데 저도 나이를 먹잖아요. 배려쌤도 그렇고요. 요즘 제 또래 친구들은 성인이 되어도 결혼하지 않겠다고 하더라고요. 결혼하더라도 아이를 낳지 않겠다고도 하고요. 사실 저도 비슷한 생각을 하고요. 그런데 제가 늙어서 장애가 오면 저도 누군가의 도움이 필요할 텐데, 그때

는 어떡하나 그런 생각도 들어요.

배 려 쌤: 맞아요. 관심학생과 같은 청소년도 관심학생의 부모님과 같은 청년·중장년 세대도 시간이 흐르면 모두 노년기를 맞이해요. 우리 모두 노화로 인한 장애를 겪을 수 있는 거죠. 그럼 돌봄 부담은 누가 질까요?

관심학생: 아무래도 사회적 돌봄밖에 답이 없는 것 같아요.

배 려 쌤: 그렇죠. 이전 세대에게 혈족 중심의 '효'라는 이름으로 가족 돌봄이 전가되었다면, 앞으로는 사회적 돌봄의 요구가 더 확대될 거예요. 자신을 돌봐줄 자녀가 없다면 사회적 돌봄을 받으면 되는 거겠죠. 그런데 여기도 생각해볼 거리가 있어요. 바로 사회적 돌봄의 비용 문제예요.

　　사회적 돌봄 비용은 국민 개개인의 기여나 납부하는 세금과 기간이 세금으로 충당되지요. 그런데 요즘 젊은 세대들은 이전 세대보다 더 배웠지만 취업은 힘들고, 취업해도 직업생활 유지 기간이 짧아 30년 이상 일할 가능성이 희박해지고 있어요. 일하는 시간이 짧다는 것은 사회적 기여나 납부하는 세금과 기간이 줄어들고 있음을 의미하고요. 평균수명이 길어지고 있는 현실에서, 지금의 젊은 세대는 사회적 기여가 적음에도 사회적 돌봄을 받을 기간이 점점 길어질 거예요. 그렇다면 지금 우리

는 어떻게 준비해야 할까요? 무엇을 할 수 있을까요? 세
대 간 이해와 상호 돌봄 및 상호 배려의 필요성이 절실
해지는 순간이에요.

관심학생: 노화로 인한 장애를 이야기하다 보니, 저희 세대가 고민
해서 '어떻게'를 찾아가야 하는 숙제가 남게 되었네요. 이
런 문제들을 풀어갈 실마리를 찾고 다 함께 고민해보는
시간을 가져볼 수 있도록 해야겠어요.

PART 9

나는 암 생존자이며
중도장애인입니다

암으로 인한 중도장애 공부

우리나라 사망원인 1위는 암이다. 그만큼 암 환자가 많다. 세 가정 중 한 가정에 암 환자가 있다고 한다. 암 치료로 생존율이 늘었지만 후유증으로 장애가 생기기도 한다. 신장장애인 중 일부는 암으로 인한 장애다. 요루·장루장애도 암에 의한 장애에 포함된다. 암 생존자의 삶은 어떤 모습일까? 암으로 인한 장루장애를 겪고 있는 장애 당사자의 인터뷰를 통해 암 생존자의 관점에서 보는 가족의 삶을 이해해보자. 암 생존자는 어떤 장애를 겪는가? 암 생존자로서 장애가 있는 삶을 어떻게 살 것인가? 암 생존자가 받을 수 있는 활동 지원 서비스는 무엇인가? 배려쌤과 관심학생의 대화에서 그 답을 찾아보자.

존경스러운 눈으로 저를 보는 사람들이 있습니다. 대단한 사람이라는 이야기도 자주 듣고 삽니다. 왜냐하면 대장암 생존자이기 때문입니다. 죽음과 치료 기간의 고통을 넘어왔기 때문입니다. 저같이 대장암에 걸린 사람 모두 인공장루를 달고 사는 건 아닙니다. 대장이 대개 길어서 부위별 이름도 다양합니다. 대장암 위치에 따라서 결장암, 직장암, 직장구불결장 이행부 암, 이름도 어렵습니다. 치료도 내시경, 개복 및 복강경 수술 등 다양합니다.

문제는 후유증입니다. 치료 과정에서 암을 제거하면서 주변 림프절, 동맥 또는 필요 시 항문 및 항문 괄약근을 제거하거나 영구 결장루·회장루를 만들기도 합니다. 후유증으로 장유착이 발생하기도 하고, 잦은 배변이나 묽은 변을 볼 수도 있습니다. 어쨌든 저는 기적과 같이 살아남았지만, 인공장루를 달고 살고 있어 몸의 기능에 장애가 있고 재활치료도 이어가야 합니다.

저 같은 암 생존자들에게 나타나는 공통적인 기능장애들이 있습니다. 장기간의 치료로 병원에 오래 입원해 있어서 몸이 굳고 움직이는 기능이 감소하고 근육이 빠지는 걸 온몸으로 느낄 수 있습니다. 정신적으로는 불안과 긴장감, 우울감이 깊을 수밖에 없습니다. 의사 선생님의 한마디, 검사 결과지에 나타난 숫자의 변화에 치료 가능성을 기대해야 하니까요. 강한 방사선치료로 지능저하를 의심해봅니다. 멍한 상태로 어느 때는 여기가 어디지 하며 갑자기

혼란스러울 때도 있었습니다. 내가 무슨 치매 환자인가 싶어 놀랐습니다. 또 저와 같은 암 환자, 아니 암 생존자들은 고통 때문에도 그렇지만 이런저런 암에 대한 건강 걱정, 암 치료 후 장애인으로 살아가야 할 날들을 생각하며 밤잠을 이루지 못할 때가 많습니다.

암 생존자는 회복 과정에 적절한 운동을 권유받습니다. 오랫동안 몸을 움직이지 않았기 때문에 간단한 스트레칭에도 심박수가 갑자기 증가하거나 어지럼증을 느낍니다. 이걸 기립성 저혈압 증상이라고 합니다. 암 생존자 대부분이 이런 경험을 합니다. 숨을 들이쉬고 내쉬고, 걷기도 처음엔 힘이 듭니다. 움직이지 않으면 혈액순환이 안 되니까 '손이 저리다', '발이 저리다', '화끈거린다', '찌릿하다', '스치거나 닿으면 찌릿하거나 아프다' 호소할 수밖에 없습니다. 몸 끝에 있는 말초신경에도 이상이 뒤따르는 것입니다. 항암제를 먹으면 이런 부작용이 따르기도 합니다. 스트레칭을 해서 몸의 순환을 도와야 합니다.

하지만 저같이 인공장루를 수술한 사람은 운동이나 재활치료 시 신경 써야 할 일들이 많습니다. 움직이거나 운동을 해서 몸에 땀이 나면 수술 부위 주변에 염증이 생길 수 있어 늘 조심해야 합니다. 근력 강화 운동을 할 때도 의사 상담과 병원 측 재활치료사가 권유하는 운동을 합니다. 기본적인 운동은 333 규칙대로 하려고 합니다. 주 3회, 30분, 3번(산책 1회, 스트레칭 2회)을 꼭 합니다.

식습관도 중요한 과제입니다. 식사량과 음식 종류를 제한하는 연습을 끊임없이 해야 합니다. 항상 맛있는 것은 단짠 음식인데 이 음식들을 매우 제한해야 합니다. 일주일이나 한 달씩 식단표를 집사람이 짭니다. 매일 섭취 칼로리 일지도 함께 씁니다. 주로 콩 음식으로 단백질을 섭취하지만 콩류 음식이 설사를 유발하면 피해야 합니다. 여러 가지 색깔의 야채와 과일을 골고루 챙겨 먹습니다. 하지만 생야채는 저한테 도움이 되지 않아 가능한 익혀 먹고 있습니다. 요즘은 제철 과일과 채소가 아니더라도 사시사철 하우스에서 재배되니까 식재료를 구하기 쉽습니다. 마트에 가면 다 있고, 추워서 가기 어려운 날은 인터넷에서 주문하면 당일 배송되니 참 편한 세상에 살고 있습니다. 그래도 우리 부부는 운동 삼아 직접 마트에 가는 것을 즐깁니다.

가족들은 저에게 힘이 됩니다. 암 생존자와 가족들은 의사만큼 본인 암에 대해 전문가가 된다고 주치의 선생님도 인정하셨습니다. 식사 일지를 쓰는 것처럼 운동 일지를 함께 씁니다. 체중이 늘지 않았는지 매일 확인하고 기록합니다. 음식을 먹을 때도 꼭꼭 씹어 장의 부담을 줄여야 합니다. 소화되지 않고 음식이 장을 통과하면 잘 먹어도 영양 섭취가 정상적으로 이루어지지 않기 때문입니다. 섭취한 음식은 4시간에서 6시간 안에 장루로 배설해야 합니다. 전에는 배변 신호가 오면 변기에 앉으면 되고, 볼일을 보고 물을 내리면 그만이었습니다. 냄새가 심하지도 않고 직접 보지 않아도 되니 미간을 찌푸릴 이유가 없었습니다.

지금은 부인이 거의 매일 장루 배설 처리를 해줍니다. 잘 씹지 않으면 섭취한 음식물이 그대로 장루로 나옵니다. 매끼 무엇을 먹었는지 확인하는 일이 역겨울 수도 있는데 부인은 그런 내색을 하지 않습니다. 몸에 좋다는 여러 가지 채소나 과일, 달걀이나 마늘, 양파, 양배추가 제대로 분해되지 않고 장을 통과해 장루에서 고약한 냄새를 풍깁니다. 고개 숙여 처리하는 부인의 뒤통수와 등을 보면 미안합니다. 밥을 먹을 때도 미안합니다. 무엇이 먹고 싶다고 말하기도 미안합니다. 그런데 먹는 걸 자제하면 영양 섭취가 제대로 되지 않아 또 부인을 걱정시킵니다.

부인의 부담을 덜어주려면 사람을 써야 합니다. 요즘 그 일을 부인과 상의하고 있습니다. 부인은 제가 불편하다고 반대하고 안 된다고 고집부리고 있습니다. 제가 아픈 다음에 친구들 한 번 제대로 만나러 나가지 못하고 있는 부인에게 고맙고 미안할 뿐입니다. 이러다 부인이 병이 날까 염려도 돼서 조금이나마 쉼을 주고 싶습니다. 그래서 내년에는 경제적 부담이 있더라도 사람을 좀 써야겠습니다.

관심학생이 배려쌤에게
암으로 인한 장애를 묻습니다

배 려 쌤: 이번에는 암으로 인한 중도장애에 대해 살펴볼 거예요. 암 환자 수만큼 암으로 인한 2차적 장애 진단을 받는 장애인 수도 증가하고 있기 때문이에요.

관심학생: 암으로 인한 중도장애요? 암이 사망원인 1위로 알고 있는데요…….

배 려 쌤: 의료기술 발달로 암 생존자도 매년 증가하고 있어요.

관심학생: 암 생존자라면…… 암에 걸렸다가 완치된 사람을 말하는 건가요?

배 려 쌤: 암 생존자는 암 진단 후 완치 목적의 주요 치료(수술, 항암화학요법, 방사선치료)를 마친 암 환자를 말해요. 암을 극복했지만 암의 재발이라는 염려 속에서 살아가는 사람들이죠. 암 생존자라 할지라도 치료 후유증으로 장애를 가질 수 있거든요. 그래서 암 생존자의 증가만큼이나 암으로 인한 장애인도 증가하고 있어요. 여기에 관심을 기울

일 필요가 있는 거죠.

관심학생: 암 생존자가 많아지는 건 다행한 일이지만…… 후유증으로 인한 장애라니 마음이 아프네요. 사회적 지원이 많이 필요하겠어요.

배 려 쌤: 그렇죠. 그래서 지금부터 암으로 장애를 입은 사례들과 그런 사람들을 지원하는 제도와 서비스에 대해 알아볼 거예요. 먼저 제도 중 하나를 함께 검색해볼까요? '국가법령정보센터'에서 '국민연금법'을 검색해보세요.

관심학생: 앗, 국민연금이요? 국민연금이 부족하다는 이야기를 들어본 적이 있는데, 국민연금이 암으로 장애가 된 사람들과 관계가 있다니, 전혀 몰랐어요.

배 려 쌤: 국민연금은 질병이나 부상 등으로 신체적 또는 정신적 장애가 발생했을 때, 이에 따른 소득 감소 부분을 장애등급 결정으로 보전해줌으로써 장애를 입은 당사자의 가정에 안정된 생활을 보장해주고 있어요. 관심학생도 잘 알다시피 국가가 운영하는 사회보험 중 하나지요. 국민연금에서 지급하는 급여에는 노령연금, 장애연금, 유족연금, 반환일시금이 있어요. 여기서 장애연금을 살펴볼 거예요.

관심학생: 아…… 장애연금이라는 게 있군요. 장애인이면 누구나

받을 수 있는 건가요?

배려 쌤: 보통은 만 19세 이상 성인으로 근로를 통한 국민연금 가입자가 그 대상이에요. 장애인이라도 국민연금 가입 이력이 없으면 장애연금을 받을 순 없어요. 국민연금법에서 지급하는 장애연금은 국민연금 가입 기간 중 의학적으로 더 이상 치료 효과를 기대할 수 없는 장애 상태로 인정되는 경우, 국민연금 가입 기간과 장애진단일, 장애등급(1~4급)을 고려하여 산정하고 지급하기 때문이에요.

관심학생: 장애등급은 어떻게 다른가요?

배려 쌤: 장애인복지법에서는 장애등급이 2019년 폐지되었지만, 국민연금공단에서는 장애연금을 지급하기 위해 장애 정도를 1~4급으로 구분하고 있어요. 1급이 가장 중증이지요. 두 팔을 쓸 수 없는 사람, 두 다리를 전혀 쓸 수 없는 사람, 양쪽 교정시력이 0.02 이하, 두 다리 발목관절 이상 상실한 사람, 두 팔 손목관절 이상 상실한 사람 등이 여기에 속해요. 장애인등록법에서 신체장애, 시각장애를 말하지요.

그 밖에도 신체기능이 노동불능 상태여서 상시 보호가 필요한 정도의 장애가 있는 사람도 여기에 속해요. 질병이 치유되지 않아 신체기능과 정신, 신경계통이 노동불능 상태여서 장기간 안정과 상시 보호나 감시가 필요한 사람도 1급 장애로 판정해요. 2급, 3급, 4급으로 갈수록 경증 장애인이고요. 장애등급에 따라 장애연금 지급 비용도 차이가 있어요.

관심학생: 그럼, 암 생존자들은 몇 급의 장애인가요? 암으로 장애가 생길 수 있는 사례를 들어 설명해주시면 좀 더 이해하기 쉬울 것 같아요.

배 려 쌤: 암이 발생한 부위와 암 유형에 따라 중도장애 유형이 다를 수 있어요. 예를 들면 눈에서 암세포가 확인되었다면 치료 과정에서 시력을 잃을 수 있겠지요. 신체내부기관에서 암이 발견되었다면 치료 과정에서 신체내부기관을 절단하고 인공기관을 부착할 수도 있겠고요.

하반신 부위 중 암세포 발견으로 부득이하게 신체 일부를 절단해야 하는 경우도 있어요. 예를 들면 대장암 환자의 치료를 위해 장을 절제하는 경우인데요. 이때 정상적인 대변 배설에 문제가 생기기 때문에 배설을 돕기 위해 일시적 또는 영구적으로 인공항문을 연결시켜요. 이것을 장루라고 해요. 장루를 수술하고 나면 적응이 필요하죠. 복통, 설사, 변비 등 신체 고통과 변화에 익숙해져야 해요. 피부 자극이나 오염 방지를 위해 가족이나 전문가의 돌봄이 필요하고요.

관심학생: 암 생존자들은 대부분 신체장애라는 후유증을 경험하게 되나요?

배 려 쌤: 아무래도 그런 편이에요. 생명을 위해 암 치료 과정에서 어쩔 수 없이 경험해야 하는 신체장애인 거지요. 예를 들면 대장암 수술 환자는 장루 수술 후 적응의 문제와 스트레스, 그리고 다른 사람의 돌봄을 받을 수밖에 없는 상태에 놓이게 돼요. 장루 수술 후 초기에는 마음대로 먹지 못하고 조절할 수 없는 대변으로 고통스럽고 삶의 질이 떨어지는 슬픈 경험을 해요. 장루 관리를 할 수 있도록 교육을 받지만, 직접 인공장루를 통해 자신의 대변을 매번 확인하니까 장루 자체가 더럽고 혐오스럽게 느껴지기도 하죠. 차량을 이용할 때 안전벨트 착용 시 장루가 눌리고, 장거리 여행 시 장루 관리의 어려움도 따르지요.

관심학생: 암 치료로 살아 있는 건 감사한 일이지만, 생활의 장애에서 오는 정신적 우울감이 클 것 같아요.

배 려 쌤: 그렇죠. 많은 암 생존자들이 우울감과 불안감을 안고 살지요. 암 확진 때의 충격, 암으로 인한 고통, 암 치료 과정의 장기화, 치료 후 재발에 대한 걱정과 불안 등에서 정

신적 장애를 경험하고 있어요. 무엇보다 암으로 인한 장애를 받아들여야 하는 현실 앞에서 깊은 절망감을 느끼고 우울증에 빠지죠.

관심학생: 암 생존자의 가족도 장애 당사자만큼이나 불안하고 힘들겠지요? 가족들의 삶은 어떻게 변화하는지 궁금해요.

배 려 쌤: 암 생존자의 가족들도 힘든 시간을 보내게 돼요. 당사자만큼은 아닐 수 있지만, 함께 감내해야 할 문제들이 많죠. 노인성 치매 환자를 가정 내에서 돌보며 엄마가 희생되었던 앞 장의 사례처럼, 암으로 인한 중도장애인의 가족구성원 역시 비슷한 고통을 경험하게 돼요.

관심학생: 그렇다면 당연히 사회적 돌봄 서비스가 지원되어야 할 것 같은데요. 가족이 돌봄을 할 경우 교대자가 없으면 지속적인 돌봄이 어렵잖아요. 암으로 인해 장애인이 된 사람들도 돌봄 서비스를 받을 수 있나요?

배 려 쌤: 그럼요. 장애인복지법에서 만 6세 이상 만 65세 미만의 등록장애인을 대상으로 서비스를 제공하고 있어요. 그러니 장애로 인한 지원 서비스가 필요한다면 '장애등록'을 하면 돼요. 장루장애를 비롯해 모든 등록장애인에게 사회적 돌봄 서비스가 지원되고 있어요. 월 120시간(4시간/1일), 3년을 지원받을 수 있지요. 장애등급제는 폐지되

었지만, 서비스 종합조사를 통해 장애인 활동 지원을 위한 등급을 1~15등급으로 구분하고 있고요.

만약 이 장루장애 환자가 만 65세 이상이면 노인장기요양법에 의거 장기요양급여를 받도록 하고 있어요. 그리고 이 환자가 경제적으로 취약하여 국민기초생활보장법에 의거 시설 입소 중인 경우라면 의료급여 수급 자격으로 분류되어 국민기초생활보장법에서 지원해요.

요약하면, 우리나라에서 장루장애 환자의 경우 나이와 경제 상태에 따라 지원의 근거가 되는 장애인복지법, 노인장기요양법, 국민기초생활보장법, 의료법 등이 다를 뿐이지 사회적 돌봄 대상에 포함되어 사회 서비스를 받을 수 있는 거예요.

관심학생: 서비스 종합조사를 통해 등급을 구분한다고 했는데요. 서비스 종합조사라는 게 어떤 건가요?

배 려 쌤: 장애인의 신체적·정신적 기능 상태를 확인하여 사회적 활동 지원이 필요한 정도를 조사하는 거예요. 국민연금공단에서 방문조사자를 가정에 파견해요. 신체기능 면에서 일상생활능력, 인지행동특성을 파악하고요.

관심학생: 일상생활능력이요? 한 사람의 일상생활 중 어떤 능력을 평가한다는 건지 궁금해요.

배 려 쌤: 일상생활능력(Barthel Activities of Daily Living: ADL)은 바델(Barthel)이라는 사람이 만든 척도예요. 포함되는 항목에는 대변 가리기, 소변 가리기, 세수·머리빗기·양치질·면도, 화장실 사용, 식사, 바닥에서 의자로 옮겨가기, 보행, 옷 입기, 계단 오르기, 목욕하기의 기능 정도를 0점에서 4점(4점 척도)으로 평가해요. 물론 점수가 높을수록 기능이 더 가능하지요.

관심학생: 각 항목이 정말 아무런 생각 없이 제가 매일 해나가는 행위들이네요. 그래서 일상생활이라고 하는군요.

배 려 쌤: 서비스 종합조사에는 장애 판정을 신청한 사람들의 신체기능장애뿐만 아니라 사회 활동의 제한이나 장애도 포함돼요. 학생이라면 학교생활, 직장인이라면 직장생활의 참여나 손상 정도지요. 그 밖에도 혼자 생활하는 독거가구인지, 빈곤이나 취약가구인지, 다른 가족들의 생활이나 주거 상태는 어떤지도 세밀하게 봐요. 여기서 중요하게 여기는 점은 신체적·정신적 기능 상태와 필요로 하는 서비스가 무엇인가예요.

관심학생: 활동 지원 대상자로 선정되면 어떤 사회 서비스를 받을 수 있나요?

배 려 쌤: 활동지원사로부터 신체 활동, 가사 활동, 사회 활동 지원

등 활동보조 서비스를 받을 수 있어요. 요양보호사로부터 목욕시설을 갖춘 장비나 가정방문을 통해 목욕 서비스를 받을 수 있고요. 의료인(의사, 한의사, 간호사 등)으로부터 가정방문 간호와 진료, 상담, 구강위생 서비스를 받을 수도 있어요.

관심학생: 그러고 보니 저는 지금까지 암 환자 하면 호스피스만 떠올렸어요. 암 생존자들의 장애가 있는 삶을 알게 되니 세상을 좀 더 크게 보고 이해하게 된 느낌이에요. 더 생각해볼 거리는 없을까요?

배 려 쌤: 소아암 환자에 대한 이야기를 따로 하진 않았지만, 암 환자의 나이가 어릴수록, 암 생존 기간이 길수록 잔재처럼 남아 있는 삶의 장애를 감수하며 살아가는 사람도 증가하고 기간도 길어진다는 걸 기억하면 좋겠어요. 이런 장애인들이 복지의 사각지대에 놓이지 않도록 더 세밀한 관심과 서비스 개발이 필요해요.

관심학생: 네, 꼭 기억할게요. 앞으로 사회적 관심에서 벗어나 있는 장애인들, 이들의 복지 사각지대가 무엇인가에 대해서도 찬찬히 공부할 수 있으면 좋겠어요.

PART 10

나는
산재장애인입니다

산재장해 공부

근로자가 일하다가 부상 또는 질병으로 신체적·정신적 장애를 겪으면 산재장해라고 한다. 2022년 1년간 산업재해보험료를 신청한 사람이 39만 명에 이르고 그 추세는 매년 증가하고 있다. 산업재해는 왜 일어날까? 회사의 잘못일까, 근로자의 잘못일까? 산재장해 당사자는 어떤 고통과 아픔으로 살아가고 있을까? 직장 내 괴롭힘으로 정신적 장해를 입은 장애 당사자의 인터뷰를 통해 오늘날 근로자가 처할 수 있는 현실적 문제와 양상을 살펴보자. 또한 관심학생과 배려쌤의 대화를 통해 장애인복지법에서의 장애인과 산업재해보상보험법에서의 지원대상 간 차이, 산업재해보상보험법의 지원 서비스 유형 등을 알아보고, 앞으로의 발전 방안을 생각해보는 기회를 가질 수 있길 바란다.

어제 뉴스에서도 태어난 아이가 콩팥이 하나 없는 상태의 기형이었다고 들었습니다. 그 엄마가 반도체 공장에서 생산직으로 일할 때 결혼, 임신, 출산이 이루어졌다고 합니다. 벤젠, 그 외에도 여러 가지 유해물질에 노출될 수밖에 없는 업무환경이었다고 합니다. 같이 일했던 동료 중에 신장질환, 유방암, 갑상선암, 혈액암을 진단받은 사람들이 있다고 들었습니다. 반도체 공장에서 일을 해서 이렇게 병이 들었구나. 저는 공감이 갔습니다. 한마디로 산업재해였습니다. 하지만 산업재해로 장애를 입었다는 걸 증명하기가 쉽지 않습니다. 더군다나 2세에게 직업병이 감염이나 유전으로 전달된다는 것을 증명하기는 더욱 어렵습니다. 이건 온전히 피해자가 소속해 있던 회사를 상대로 증명해야 하므로 더욱 어렵고 벽처럼 느껴질 수 있습니다.

제가 느낀 벽은 좀 다른 결이었습니다. 일이 힘들어서 휴직했다고 부모님께 말씀드렸습니다. 속내는 다니던 직장에서 괴롭힘을 당했습니다. 그 이유가 뭐냐고 묻는 사람들이 있습니다. 대학을 졸업하고 3년 동안 공무원 시험 준비를 해서 당당하게 9급 공무원이 되었습니다. 가까운 친구들은 "취업하기 힘든데 그래도 참고 직장에 다녀야지. 너는 공무원이잖아. 철밥통." 이렇게 말합니다. 그러면서 제가 힘든 원인이 개인적 직무역량이 부족하거나 뭔가 업무 실수 때문에 그런 게 아닌가를 확인하고 싶어 합니다.

낮에는 민원전화 때문에 주어진 일을 하기가 힘듭니다. 선임은 저에게 일을 배워야 한다면서 자신의 일을 전가하고 있습니다. 팀장님은 업무 실수를 머리가 나빠서 그렇다고 합니다. 자기 일이 뭔지 모른다거나, 융통성이 없어 민원처리를 못 하고 질질 끈다는 식으로 말합니다. 제가 출산휴가를 쓰고 복귀하면서 다른 과로 직무가 변경되었습니다. 소속팀에서는 결혼해서, 아줌마라 일에 집중하지 못한다는 식으로 말합니다. 그 얘기가 듣기 싫어 매일 야근을 하고 있습니다. 더욱 악착같이 하는 저의 모습을 또 간식 삼아 뒷담화를 합니다. 매일 야근을 해도 일은 줄지 않고 업무 협력을 기대할 수 없습니다. 제게 직장은 지옥과 같습니다.

저는 늦은 시간에 불 꺼진 사무실을 마지막으로 확인하고 퇴근합니다. 1시간 20분을 운전해서 집에 도착합니다. 매일 도로에서 3시간 있습니다. 이렇게 8개월쯤 지난 저녁에 퇴근하던 중 교통사고가 났습니다. 잠시 존 것 같기도 합니다. 차가 360도 회전해서 폐차했는데 다행히 저는 외상이 없었습니다. 혹시 모를 후유증 때문에 2주간 입원해 있었습니다. 병문안 오는 직원은 없었고, 일 관련 문자만 하루에 몇 십 통씩 확인했습니다. 빨리 복귀하라는 무언의 압력처럼 느껴졌습니다. 아직 어린 아이가 눈에 밟혔지만, 남편에게 회사 근처로 집을 얻는 게 좋겠다고 말했습니다. 남편은 강하게 반대했고, 집 가까운 쪽으로 전근 신청을 권고했습니다. 부설 기관으로 가면 나중에 승진을 할 수 없기 때문에 저는 남편의 제안을 강력히 거절하고 회사 근처로 이사했습니다. 공식적인 주말부부가 된 것입니다.

회사와 집 사이가 가까워졌다고 일이 수월해지는 것은 아니었습니다. 근무시간은 더 늘어나고, 일도 더 늘어났습니다. 직원들의 시선은 이제 '독하다'로 바뀌었습니다. 대하는 것이 사고 전과 달라진 것은 없었습니다. 이번엔 다른 형태로 저를 괴롭히기 시작했습니다. 저만 빼놓고 회식을 한다든지, 커피를 마시러 간다든지. 좀 치사한 방식이었습니다. 어쩌다 함께한 자리에서 팀장님이나 남자 직원들의 농담이 짙어졌습니다. 같은 부서에서 저보다 두 살 아래 미혼 직원은 잘 모를 것도 제가 결혼했으니 잘 알 거라는 둥 이런 식으로 이야기했습니다. 아이를 낳으면 뭔가 여자로서 매력이 없다는 말도 서슴없이 합니다. 제가 잘 아는 분의 카톡 대문 문구가 '치사하게 은퇴하자'인데 그 말의 의미를 알겠습니다.

처음엔 회사에서 힘든 일들을 남편에게 말했습니다. 남편이 일하는 조직도 여러 종류의 사람이 있기 때문에 어느 정도 공감을 받았습니다. 하지만 계속 힘들다 하니까 "그만둬", "네가 자처한 일이잖아", "집 근처로 오라고 했잖아" 이런 말만 돌아왔습니다. 저는 너무 힘들어서 주말에 집에 가면 먹고 자기만 했습니다. 어린 아이는 저하고 놀자고 하는데 저는 그럴 기운이 없습니다. 남편의 불만은 커지고, 아이를 돌보지 못했다는 죄책감을 안고 다시 월요일 새벽에 운전해서 출근합니다. 그러다 도로에서 다시 교통사고가 났습니다. 두 번째 폐차였습니다. 이번에도 외상은 없었습니다. 2주간 입원을 권고받았지만, 동료들의 치사한 문자나 뒷담화가 싫어서 일주일 만에 출근했습니다. 저의 복귀에 다들 놀라는 것 같았지만 제가 괜찮은지 묻는 동료는 없었습니다. 야근은 계속되었고, 퇴원하고 출근한 지 3주째 저는 사무실에서 졸도를 했습니다. 입사한 지 10년차였습니다.

눈을 떴을 때 병원이었습니다. 창백한 얼굴의 남편이 옆에 앉아 있었습니다. '아이는?' 말하지 않고 묻는 저의 눈빛에 처형네 맡기고 왔다고 말합니다. 의사 선생님이 "죽지 않은 게 다행입니다"라고 말합니다. 몸이 성한 데가 하나도 없다고 합니다. 스트레스 때문에 비만이 급격히 심각해졌고, 교통사고 이후로 심리적 충격이 컸을 거라고도 말합니다. 몇 번 진료 상담을 하면서 우울증이 심하니 정신과 진료를 받으라고 예약도 잡아주셨습니다. 집에서 아이를 돌볼 만큼 에너지가 없기 때문에 남편은 입원해서 쉬라고 했습니다. 회사 내에서 쓰러졌기 때문에 회사는 이제 적극적으로 저에게 휴직을 권고했습니다.

저는 출퇴근하다가 교통사고가 났고, 사무실에서 일하던 중에 쓰러졌고, 일 관련 스트레스와 우울감을 진단받았습니다. 그렇게 열심히 10년 직장생활을 했는데 남은 것은 가족의 위기, 신체건강 악화와 정신적 장애뿐입니다.

관심학생이 배려쌤에게
산재장해에 관해 묻습니다

관심학생: 암 등의 질병으로 인한 중도장애도 있지만, 사고로 인한 중도장애도 많을 것 같아요.

배 려 쌤: 맞아요. 교통사고, 추락사고 등 다양한 사고로 장애가 발생해요. 이번에는 중도장애 중 산업재해로 인한 장애를 함께 공부할 거예요.

관심학생: 산업재해로 인한 장애라니, 뭔가 어마어마하게 들려요. 어려운 말이에요.

배 려 쌤: 산업재해는 근로자가 일하다가 부상이나 질병 또는 사망하는 경우를 말해요. 산업재해로 인한 장애를 산재장해라고 하고요. 근로자의 정신적·신체적 손상이 완치나 치료의 효과를 더는 기대할 수 없고 고정된 상태에 이르러 노동능력이 상실하거나 감소된 상태를 가리켜요.

관심학생: 산재장해 판정은 장애인등록법 기준에 따르나요?

배 려 쌤: 산재장해 판정은 산업재해보상보험법에 따라요. 산업재

해보상보험법은 국민연금법, 국민건강보험법, 고용보험법, 노인장기요양보험법과 같이 사회보험법에 속해요. 국가가 국민이 생활상 직면하는 사회적 위험을 보험 원리를 적용하여 보장하는 것이지요. 여기서 국민은 소득이 있는 사람, 즉 근로자를 의미해요. 근로자 중 장해를 입는 사람이 지원 대상이 되는 거지요.

산업재해보상보험법(제48조)에서 '신체부위별 장해등급 판정에 관한 세부 기준'을 제시하고 있어요. 장애인등록법의 15개 장애 유형과 차이가 있어요. 산업재해보상보험법에서 장애 유형은 눈의 장해, 귀의 장해, 코의 장해, 입의 장해, 신경계통기능 또는 정신기능의 장해, 흉터의 장해, 흉복부장기 등의 장해, 척주 등의 장해, 팔 및 손가락의 장해, 다리 및 발가락의 장해로 구분하고 있어요.

관심학생: 장애인복지법에서 장애 유형은 많이 다른가요?

배 려 쌤: 장애인복지법에서는 지체장애, 뇌병변장애, 시각장애, 청각장애, 언어장애, 안면장애, 신장장애, 심장장애, 간장애, 호흡기장애, 장루·요루장애, 뇌전증장애, 지적장애, 자폐성장애, 정신장애로 장애 유형을 구분하고 있어요.

장애인복지법에서 장애 진단은 신체적·정신적 기능 손상과 이로 인한 일상생활의 장애를 포괄적으로 고려하여 판정해요. 단순한 의학적 소견만이 아니라 WHO(세계보건기구)에서 추구하는 건강, 그리고 건강한 삶을 견지하여 개인적 특성과 사회적 참여 및 활동의 제한 정도까지도 포괄적으로 장애 진단에 포함시키고 있죠.

반면 산재장해는 의학적 진단을 견지한 신체적 장애와 정신적 장애에 대한 판정이에요. 의사의 진단을 중요시하는 거죠.

관심학생: 그렇군요. 산재장해는 근로자만 해당하는 거군요. 그런데 일할 능력이 없는 빈곤한 사람이 장애인이 되면 어떻게 해요?

배 려 쌤: 당연히, 장애인복지법의 지원 대상이 되겠죠. 그리고 만약 그 사람이 공적부조법, 국민기초생활보장법의 지원 대상에 포함될 경우에는 장애수당이나 의료급여도 받게 되어요.

관심학생: '장애'와 '장해' 용어를 쓰는데 같은 말인가요? 좀 헷갈려서요.

배 려 쌤: '장애'는 신체기관이 본래의 기능을 하지 못하거나 정신 능력에 결함이 있는 상태라고 국어사전에 나와 있어요. 영어로는 'disability'로 표기하고요. 장애의 기본 개념은 손상으로 인한 기능이 불완전하여 사회 참여 및 활

동 등 일상생활이 상당히 제약된 상태를 말해요. 장애를 정의할 때 사회적 성격을 분명히 드러내고 있지요.

이와 다르게, '장해'는 산업재해보상보험법(제5조)에서 부상 또는 질병이 치유되었으나 정신적·육체적 훼손으로 인하여 노동능력이 상실되거나 감소된 상태라고 정의하고 있어요.

관심학생: '장애'의 개념이 좀 더 넓고 포괄적이네요. 그런데 산재장해 사례가 많은가요?

배 려 쌤: 2021년 산재보험통계연보에 따르면 1년간 산업재해보험료를 신청해서 받은 근로자는 38만 6,260명이었어요. 전년보다 3만 5,000명 이상 증가하였고 매년 증가되는 추세로 전망해요.

관심학생: 엄청난 숫자네요. 일하다가 장해를 입는 사람들이 그렇게 많다니, 전혀 몰랐어요. 주로 어떤 직업을 가진 사람들이 이런 위험에 처하나요?

배 려 쌤: 아무래도 제조업, 건설업, 운수업, 광업에 종사하는 사람들의 근무환경이 열악하거나 일의 특성상 위험을 감수해야 하는 경우가 많아요. 이 직종의 사람들은 5인 미만에서 300인 미만의 사업장에서 주로 일해요. 300인 이상의 대기업에서 일하는 사람들보다 훨씬 산재에 처할

위험이 큰 거지요. 특히 제조업이나 건설업에 근무하는 사람들이 장해급여수급자가 많아요. 다른 업종에 비해 절단이나 추락 등에 의한 신체 손상이 잦은 편이죠.

관심학생: 장해급여를 받으려면 장해등급을 받아야겠지요?

배 려 쌤: 앞서 말했듯 장해는 눈, 귀, 코, 입, 신경계통기능 또는 정신기능, 흉터, 흉복부장기, 척추, 팔 및 손가락, 다리 및 발가락의 10개 유형으로 구분하고, 장해등급은 의학적 소견으로 손상과 기능의 정도로 판단해요. 중증일수록 장해급여 지급이 높고요.

관심학생: 일하다가 다치면 치료도 해야 하지만 후유증이 있어서 장기 간의 요양도 필요하잖아요. 그럴 땐 어떻게 해요? 게다가 신체 절단 장해일 경우엔 너무 끔찍해서 고통스러울 것 같아요.

배 려 쌤: 우선, 몸과 마음을 치유하는 게 가장 먼저일 거예요. 그리고 요양과 보상을 신청할 수 있어요. 요양은 부상이나 질병을 치유하도록 지급하는 보험급여예요. 만약 치료 때문에 일을 하지 못하면 휴업급여를 신청하여 보상받을 수 있어요. 이때 장해가 남아 있으면 장해급여를 신청하여 받고, 장해로 인해 간병이 필요한 경우 간병급여를 신청해 받으면 돼요.

그리고 신체 손상으로 신체기능의 상실을 보완해줄 재활보조기구들이 있어요. 산재 환자 중에는 팔이나 다리 일부를 절단하거나 신경마비로 인하여 치료 후에도 재활보조기구 장착이 필요한 사람들이 있어요. 척추 손상이나 척추질환으로 치료 후 보조기를 착용해야 하는 산재 근로자도 있고요. 이처럼 치료 후에도 보조기구를 장착해야 하는 산재장해를 입은 장애인들은 수동·전동 휠체어, 욕창 예방 매트리스, 근전전동의수, 설치형 전동 리프트 같은 것들이 일상생활을 하는 데 도움이 되지요.

장애인등록법에서의 장애인도 이와 같은 보조기구를 사용해요. 노화로 인해 신체기능의 어려움이 있는 노인 장애인도 이런 보조기구 사용이 이동과 편의를 돕지요.

관심학생: 일 때문에 생긴 사고로 신체 일부를 절단한다면 정말 갑작스럽게 장애인이 되는 거잖아요. 스트레스도 엄청날 것 같아요.

배 려 쌤: PTSD라는 말을 들어봤지요? 외상후스트레스장애라고 해요. 장해를 경험한 업무현장의 사고가 반복적으로 떠올라 장해 당사자를 고통스럽게 해요. 꿈으로 나타나기도 하고요. 제대로 잠을 이루기 어렵고 수면제에 의존하기도 하고요.

산재장해 후 직장 복귀 가능성이 희박해진다는 점도 우울감에 빠지게 해요. 가장이라면 가장으로서 역할을 할 수 없게 되어 걱정이 많을 것이고, 급작스러운 장해 상태의 삶에 적응하기도 무척 힘들죠.

무엇보다 자신의 장해를 받아들이기가 쉽지 않아요. '나에게 왜 이런 일이 일어났을까?'를 수없이 되뇌게 되고 회사에 대한 분노와 원망 그리고 자책까지 하게 되고요.

관심학생: 그런 정신적 고통을 생각하면, 아무리 보상을 받아도 부족할 것 같아요. 아, 그런데, 이런 정신적 고통도 업무상 장해에 속하는 거지요?

배 려 쌤: 이런 경우는 신체적 장해에 동반된 2차적인 정신적 장해라고 볼 수 있어요. 그럼, 관심학생이 한번 생각해보세요. 업무상 장해에 속하는 1차적인 정신적 장해로는 어떤 경우가 있을까요?

관심학생: 음, 아직 학생이라 직장생활을 안 해봐서 잘 모르겠지만, 왕따나 폭력 같은 게 생각나요. 전에 뉴스에서 간호사들 사이의 '태움' 사건을 봤어요. 한 간호사가 직장 내 괴롭힘을 당해서 스스로 목숨을 끊었다고 했던 것 같아요.

배 려 쌤: 간호사 '태움' 사건을 기억하는군요. 실로 안타까운 상황이죠. 이 사건으로 사망한 간호사는 연속적 야간근무가

부여되어 업무과중에 시달렸고, 동료 간호사로부터 모욕적 말과 같은 언어적 폭력에 시달렸다고 알려져 있어요. 병원이라는 회사에서 집단으로 직원 개인에게 정신적 폭력을 가한 상황이니 업무상 장해로 인정되어야 하는 게 마땅해요.

참고로, 업무상 사유로 정신질환 치료를 받았거나 받는 중, 또는 업무상 재해로 요양 중 자해행위를 한 경우도 업무상 재해로 인정해요. 그 밖에도 업무상 사유로 정신적 이상 상태에서 자해행위를 하였다고 인과관계가 인정되면 그 또한 업무상 재해로 인정하고 있고요.

관심학생: 이런 '직장 내 괴롭힘'을 병원 측에서는 몰랐을까요? 아님, 알고도 모른 척했을까요?

배 려 쌤: 어느 쪽이 진실인지는 알 수 없어요. 원칙적으로 이야기를 해보면, 근로기준법(제76조)에 직장에서의 지위 또는 관계 등의 우위를 이용하여 업무상 적정범위를 넘어 다른 근로자에게 신체적·정신적 고통을 주거나 근무환경을 악화시키는 행위를 금지한다고 명시하고 있어요.

병원 측은 직장 내 괴롭힘을 확인한 즉시 해당 간호사에 대해 근무 장소 변경이나 유급휴가 등 적절한 조치를 취해야 했어요. 만약 병원 측에서 의도적으로 업무과중과 집단 괴롭힘 같은 폭력적 업무환경을 방치했고, 그에 따라 생긴 사고라면, 그 책임도 병원 측에 있는 거예요.

관심학생: 어른들의 세계는 집단 내 괴롭힘 같은 게 없을 줄 알았는데, 뭐랄까, 세상이 참 무서운 것 같아요.

배 려 쌤: 씁쓸한 현실이죠……. 자, 산재장해에 해당하는 정신적 장해가 더 있을까요?

관심학생: 글쎄요, 잘 모르겠어요.

배 려 쌤: '감정노동'이라고 들어봤나요?

관심학생: 아, 들어봤어요. 이모가 백화점에서 일하는데, 감정노동 때문에 힘들다는 이야기를 했었어요. 그런데 감정노동이 뭐예요?

배 려 쌤: 감정노동이란 사람을 대하는 일을 수행할 때 '조직에서 바람직하다고 여기는 감정'을 행하는 노동을 의미해요. 조직이나 사회에서 바람직하다고 여기는 감정이 개인 당사자의 감정과 무관할 때도 많거든요. 예를 들어 판매사원, 콜센터직원, 요양보호사 등 대인 서비스에 종사하는 사람들은 상급자나 고객의 항의, 분노, 욕설, 폭행에 무조건으로 "죄송합니다"라고 응대하도록 요구받고 있어요.

자신이 처한 상황이 부당하고 자신의 잘못이 아님을 주장하고 싶어도 직무평가나 승진, 홈페이지 댓글에 신경 써야 하고, 그렇게 하면 안 된다고 직장에서 요구하기 때문에 자신의 감정을 억제할 수밖에 없지요. 그렇게 감정부조화 상태를 경험하게 되고, 이런 상태가 지속되면 극심한 스트레스를 받게 되죠. 근로자가 이런 감동노동으로 인해 우울증, PTSD 등의 정신적 장해를 진단받으면 산재장해로 인정받고 있어요.

관심학생: 손님이 왕이지만 막돼먹은 왕은 아니어야 한다던 이모 이야기가 생각나요. 우리가 소비자 권리를 주장하면서 내뱉는 말과 행동이 응대하는 사람에게 고통을 주고 정신적 장해를 입힌다면 서로가 좋을 게 없을 것 같아요. 최대한 조심해야겠어요. 그 사람이 제가 될 수도 있는 거잖아요.

배 려 쌤: 좋아요. 그런 마음가짐이 작은 배려의 시작이 될 수 있어요.

관심학생: 산재장해는 무엇보다 예방이 중요할 것 같아요.

배 려 쌤: 맞아요. 산재장해는 어찌 보면 예방이 최선이에요. 신체적 장해를 예방하기 위해 회사는 안전한 업무환경을 조성해야 하고, 근로자는 안전교육을 충실히 받고 안전수칙을 지켜야 하고요. 정신적 장해도 마찬가지예요. 반복적인 교육과 직원 간 상호 평등적이고 존중하는 태도가 직장문화로 자리 잡을 수 있도록 노력해야 해요. 회사

측에서 이런 직장문화 조성에 적극적이어야, 직원들도 동
참해야겠지요.

관심학생: 네, 저도 직장인이 되면, 아니 지금부터라도, 노력할 수
있는 일들을 찾아볼게요! 우선은 장애 공부를 더욱 열
심히 해야겠어요!

배 려 쌤: 그래요. 앞으로도 꾸준히 장애 공부를 해나가며 일상의
말과 행동을 되짚어보고 공감과 배려의 마음씀을 실천
해나갈 수 있길 바라요.

청소년과 함께 장애 공부

초판 1쇄 2023년 9월 25일

지은이 김선희 | **편집기획** 북지육림 | **교정교열** 김민기 | **디자인** 이선영

제작 명지북프린팅 | **펴낸곳** 지노 | **펴낸이** 도진호, 조소진 | **출판신고** 2018년 4월 4일

주소 경기도 고양시 일산서구 강선로49, 911호

전화 070-4156-7770 | **팩스** 031-629-6577 | **이메일** jinopress@gmail.com

ⓒ 김선희, 2023

ISBN 979-11-90282-74-1 (43330)

이 도서는 한국출판문화산업진흥원의 '2023년 중소출판사 출판 콘텐츠 창작 지원 사업'의 일환으로 국민체육진흥기금을 지원받아 제작되었습니다.